HAWAIIAN PHRASE BOOK

HAWAIIAN PHRASE BOOK

—NA—

HUAOLELO

—A ME NA—

OLELO KIKEKE

—MA KA—

Olelo Beretania a me ka Olelo Hawaii

CHARLES E. TUTTLE CO.: PUBLISHERS
Rutland, Vermont & Tokyo, Japan

Published by the Charles E. Tuttle Company, Inc.
of Rutland, Vermont & Tokyo, Japan
with editorial offices at
Suido 1-chome, 2-6, Bunkyo-ku, Tokyo, Japan

Library of Congress Catalog Card No. 68-13868
International Standard Book No. 0-8048-0241-6

First Tuttle edition, 1968
Seventeenth Printing, 1991

PRINTED IN THE UNITED STATES

PUBLISHER'S FOREWORD

HAWAII, in the early part of 1893, was in a state of turmoil. A group of revolutionists carried out their campaign successfully and demanded Queen Liliuokalani abdicate. Five years later, Hawaii became a territory of the United States.

With the new status of the Islands, government leaders became concerned with teaching English to the indigenous population. Language books thus became very popular items. This one, first published in 1906, was designed to help the natives and the English-speaking people to abandon the practice of using a corrupted tongue when speaking between the races. Toward this end, only colloquial words and sentences were chosen for inclusion in this book.

From a philological standpoint, this book is a a valuable contribution in contemporary comparative studies.

TO THE READER

T HE primary object of this MANUAL is to teach natives to converse in English. It is designed to help carry out the plan of the Government to extend English schools among the indigenous race of these Islands. At the same time, the work is designed to assist strangers, speaking English, to acquire the correct colloquial speech of the Hawaiians. There has long prevailed, between natives and foreigners, a corrupted tongue, which the former only use in speaking to the latter, but never among themselves. It is a method of speech which should be abandoned, as it gives a false impression, derogatory to all rule, and is without system or beauty. To effect this end, colloquial words and sentences only have been chosen; and in order to make the one a literal interpretation of the other, the idiom has been frequently sacrificed while endeavoring to express the true meaning of the corresponding word.

To strangers wishing to learn the language of the country, it will be useful to explain that the vowel sounds of the Hawaiian are uniform, and never vary, except as long and short sounds. *A* has the sound of *a* in father. *E* has the sound of *a* in fate, or of *e* in vein. *I* has the sound of *e* in me, or of *i* in pin. *O* has the natural sound of long *o* in own, and *u* that of oo in good. In a word, the vowels contain the sound they bear in most of the continental languages of Europe. With this explanation, the learner may proceed to the pronunciation of words.

The articles *he* (a or an), with *ke* and *ka* (the), and *na,* the sign of the plural, are prefixed to all nouns except such as express a thing or things in general, or where a possessive pronoun precedes the noun.

But the learner is referred to the excellent Grammars of Judge ANDREWS and Professor ALEXANDER, which he should carefully peruse, both before and while consulting this MANUAL. It is for this reason that directions of importance in the study of the Hawaiian are here omitted, as therein contained more fully than can be expected in this work.

CONTENTS

Papa Kuhikuhi

		Page Aoao
Of Trees	No na Laau	5
Of Water	No ka Wai	5
Of a Dwelling	No ka Hale	6
Kitchen Utensils	No Lako Halekuke	8
Edibles	Na Mea Ai	9
Of the Human Frame	No ke Kino Kanaka	11
Wearing Apparel	Lole Aahu	12
Animals and Fowls	Na Holoholona me na Manu	13
Meals	Ka Ai ana	14
Relations	Na Hanauna	14
Tools	Na Lako Hana	15
Colors	Na Hooluu	16
Coins	Na Kala	16
Instruments of War	Na Mea Kaua	16
Times and Seasons	Na Manawa	17
Government Offices	Na Keena Aupuni	17
Of a School	No ke Kula	18
Religious Terms	Na Inoa Haipule	19
Place of the Adjective	Kahi o ka Haina	20
Distinction of Gender	Okoa na mea Kane a he okoa na mea Wahine	22
Use of Pronouns	No na Paniinoa	22
Metals	Na Mekala	23
Pertaining to Ships	Na mea pili i na moku	23
Buildings	Na Hale	24
Things in Earth and Sky	Na Mea Honua a me ka Lani	25
Occupations	Na Oihana	26
Government Officials	Na Luna Aupuni	27
Building Materials	Na Mea Kukulu Hale	28
Cardinal Numbers	Na Kumu Helu	28
Ordinal Numbers	Na Helu Papa	30
Distributive Numbers	Na Helu Hoohapa	31

Contents | Papa Kuhikuhi

		Page Aoao
The Verbs TO HAVE and TO BE	No ka Haina TO HAVE a me TO BE	32
Directions and Requests	Na Kauoha a me na Noi	34
Short Questions	Na Niau Pokole	35
Pertaining to Sleep	Pili i ka Hiamoe	37
At Dressing	I ke Komo Lole ana	38
Conversation with a Native Woman	He kamailio me kekahi Wahine Maoli	40
In the Kitchen	Iloko o ka Halekuke	46
A Native Meal	He Paina Hawaii	48
Bathing	Ka Auau ana	49
Pertaining to Age	Pili i na Makahiki	51
Going to School	Hele ana i ke Kula	52
At School	Ma ke Kula	53
Duties of a Chambermaid	Na Hana a ka Wahine Malama Lumi Moe	56
At Breakfast	I ka Paina Kakahiaka	58
Dinner	Paina Awakea	59
Market Prices	Kumukuai Makeke	61
At a Bookstore	Ma ka Halekuai Puke	63
Post office	Hale-Leka	64
Sailing of Vessels	Hono ana o na Moku	65
Dry Goods Store	Halekuai Lole	66
At the Grocer's	Kahi o na Mea Ai	66
Miscellaneous	Kela me Keia	67
For a Stranger Nearing the Port	No ka Malihini e hookokoke mai ana i ke Awa	68
To Hire a Room or a House	Ka Hoolimalima ana i Lumi, a Hale Pala	70
Going to Church	Hele ana i ka Pule	71
Going on Board	Ka Ee ana i ka Moku	72
Going to Ride	Hele ana i ka Holo Lio	73
Going on a Journey	Hele ana i Kahi e	74

Contents   Papa Kuhikuhi

		Page Aoao
A Stranger Entertained	He Malihini i Hookipa ia	75
Of Husbandry	No ka Mahiai	77
Our Duties	Na Hana a Kakou	81
Orders to Workmen	Kauoha i na Paahana	86
Brief Expressions	Na Olelo Pokole	89
Correspondence	Na Palapala	106

ENGLISH AND HAWAIIAN
PHRASE BOOK

ENGLISH	HAWAIIAN
Ka Beretania	*Ka Hawaii*

Of Trees:

		No na Laau:

English	Hawaiian
The seeds	Na anoano
The bud	Ka opuu
The flower	Ka pua
A leaf	He lau
Leaves	Na lau
The forest	Ka ululaau
A tree	He Kumulaau
Timber	Laau kukulu hale
The trunk	Ke kumu
The roots	Na aa
The limb	Ka lala
The fruit	Ka hua
The bark	Ka ili
A fig	He piku
A fig tree	He kumu piku
An apple	He ohia
An apple tree	He kumulaau ohia
An orange	He alani
An orange tree	He kumulaau alani
The breadfruit	Ka ulu
A breadfruit tree	He kumulaau ulu
The cocoanuts	Na niu
A cocoanut tree	He kumulaau niu
A rose	He loke
A rose bush	He kumu loke

Of Water: No ka Wai:

English	Hawaiian
The dew	Ke kehau
Mist	Noe
The rainbow	Ke anuenue

The rain	Ka ua
Rain water	He wai ua
Water	Wai
Hot water	Wai wela
Cold water	Wai huihui
Drinking water	Wai inu
Bathing water	Wai auau
Washing water	Wai holoi
Cooking water	Wai kuke
Garden water	Wai malapua
Dish water	Wai holoi pa
Clean water	Wai maemae
Dirty water	Wai lepo
Brackish water	Wai kai
The waterfall	Ka wailele
A waterspout	He waipuilani
Hydrant water	Wai paipu
A fountain	He waipipii
A spring	He mapuna
Spring water	Wai mapuna
A well	He punawai
Well water	Wai punawai
A reservoir	He luawai
A pump	He pauma
Pump water	Wai pauma
A pool	He kiowai
A brook	He kahawai
A river	He muliwai
A lake, or pond	He loko
The sea, or salt water	He kai
The ocean	Ka moana

Of a Dwelling: | ## No ka Hale:

A house	He hale
The front	Ke alo
The back	Ke kua
The end	Ke kala
The roof	Ke kaupaku

The rafters	Na oa
The shingles	Na pili
The chimney	Ka pukauahi
The veranda	Ka lanai
The stairs, or steps	Ke alapii
The door	Ka puka
The shutter	Ke panihao
The blind	Na olepelepe
Front door	Puka ma ke alo
Back door	Puka ma ke kua
Room door	Puka o ka lumi
The lawn	Ke kahua mau-u
A room	He lumi
The parlor	Ka lumi hookipa
A bedroom	He lumi moe
The dining room	Ka lumi paina
A kitchen	He lumi kuke
The bathroom	He lumi auau
A stable	He halelio
The cuspidor	Ka ipukuha
The water-closet	Ka lualiilii
The window	Ka puka aniani
Window curtain	Paku puka aniani
A pane of glass	He aniani
The looking-glass	He aniani nana
A glass tumbler	He kiaha aniani
The bed	He pela moe
A bedstead	He hikiee moe
Bed clothes	Na kapa moe
The pillows	Na uluna
A sheet	He kihei
Bed quilts	Na kiheipili
Mosquito net	Paku makika
A chair	He noho
The sofa	Ka punee
A table	He pakaukau
Round table	Pakaukau poepoe
A cornered table	He pakaukau kihikihi
An umbrella	He mamalu

A stool	He paepae wawae
The dishes	Na pa
A cup	He pola
Large bowls	Na pola nunui
The buckets	Na pakeke
A broom	He pulumi
A brush	He palaki
A carpet, or mat	He moena
Rocking chair	Noho paipai
A knife	He pahi
A fork	He o
A spoon	He puna
A teaspoon	He puna liilii
A towel	He kawele
A trunk	He pahu lole
The bureau	He pahuume
A comb	He kahi
A box, or barrel	He pahu
Sewing machine	Mikini humuhumu
Scissors	He upa
A pin	He kuipine
Needle	He kuikele
Thread	He lopi
Thimble	Komo humuhumu
Buttons	Na pihi
A pattern	He ana

Kitchen Utensils: | ## Na Lako Hale Kuke:

The fireplace, or stove	Ke kapuahi
The oven	Ka oma
The stove pipe	Ka paipu uahi
The fire	Ke ahi
The fuel	Ka wahie
Coal	Lanahu
The shovel	Ke kopala
The tongs	Ka upa ahi
Large pots	Na ipuhao nunui
Small pots	Na ipuhao liilii

A frying pan	Ke papalai
A saw-horse	Ka lio olowahie
Large saw	Pahiolo nunui
Small saw	Pahiolo liilii
Hammers	Na hamale
Hatchet	Koi liilii
Axe	Koi kaka wahie
Nails	Na kui kakia
Meat safe	Hale waiho pa
A dust-pan	He pakini lawe lepo
The gridiron	He haomanamana
A candle	He ihoiho
Lantern	Ipukukui hele po
A glass lamp	He ipukukui aniani
Hanging lamp	Ipukukui kau i waena
Bracket lamp	Ka ipukukui kau aoao
Hand lamp	Ipukukui paalima
Sink	Wahi holoi pa
Pans	Na pakini
The snuffers	Ka upa hoopio ipukukui
Bottles	Na omole
A basket	He ie
A sieve, or strainer	He kanana
Soap	Kopa

Edibles:	Na Mea Ai:
Bread	Palaoa
Butter	Waiupaka
Flour	Palaoa aeae
Wheat	Huika
Rice	Laiki
Grapes	Waina
Peaches	Piki
Bananas	Maia
Maize	Kulina
Cornmeal	Kulina aeae
Cornstarch	Pia kulina
Cornbread	Palaoa kulina

Popcorn	Kulina pulehu
Oatmeal	Oka aeae
Sugar	Ko
Sugar-cane	Ko-aki
Potato	Uwala
Syrup	Malakeke
Squash	Ipu pu
Onions	Akaakai
Cabbage	Kapiki
Beans	Papapa
Peas	Pi
Cucumber	Kaukama
Oranges	Alani
Eggs	Hua
Watermelon	Ipuhaole
Muskmelon	Ipuala
Tomato	Ohia
Cake	Meaono
Pudding	Pukini
Pie	Pai
Pie Pancakes	Palaoapalai
Custard	Meaonohua
Soup	Kupa
Mustard	Makeke
Salt	Paakai
Fresh fish	I-a hou
Salted fish	I-a paakai
Smoked fish	I-a uahi
Dried fish	I-a maloo
Beff	Pipi hou
Beefsteak	Pipi palai
Roast beef	Pipi oma
Smoked beef	Pipi uahi
Corned beef	Pipi paakai
Pork	Puaa hou
Corned pork	Puaa paakai
Mutton	Hipa
Ham	Puaahame
Lard	Aila puaa

Suet	Aila pipi
Salmon	Kamano
Sardines	Makale
Oysters	Olepe
Lobsters	Ula
Crabs	Papai
Shrimps	Opae
Dried Shrimps	Opae maloo
Squid	Hee
Eels	Puhi
Seaweed	Limu
Sausages	Naaukake
Smoked Sausages	Naaukake uahi
Taro	Kalo
Spinach	Luau
Watercress	Leiko
Biscuit	Palena
Cheese	Waiupaka paakiki
Pepper	Pepa, nioi

Of the Human Frame:	**No ke Kino Kanaka:**
The head	Ke poo
The cheek	Ka papalina
The ear	Ka pepeiao
The breast	Ka umauma
The hair	Ka lauoho
The nose	Ka ihu
The eye	Ka maka
The eyebrows	Ke kuemaka
The eyelids	Ka lihilihimaka
The breath	Ka hanu
The mouth	Ka waha
The teeth	Ka niho
The forehead	Ka lae
The chin	Ka auwae
The beard	Ka umiumi
The lip	Ka lehelehe
The arm, the hand	Ka lima

The finger	Ka manamana
The elbow	Ke kuekue
The back	Ke kua
The shoulder	Ka poohiwi
The shoulder-blade	Ka iwihoehoe
The fingernails	Ka maiuu
The flesh	Ka io
The vein	Ke aakoko
The tongue	Ke alelo
The knee	Ke kuli
The leg, the foot	Ka wawae
The toe	Ka manamana wawae
The heel	Ka hila
The ankle	Ke kuekue wawae
The thigh	Ka uha
The tendon	Ke olona
The body	Ke kino
The neck	Ka a-i
The skin	Ka ili
The bone	Ka iwi
The bowels	Ka naau
The heart	Ka puuwai
The liver	Ke akepaa
The lungs	Ke akemama
The gall	Ke au
The stomach	Ka opu
The bladder	Ka opumimi

Wearing Apparel: | Lole Aahu:

Dress	Holoku
Chemise	Muumuu
Petticoat	Palekoki
Linen dress	Holoku lilina
Silk dress	Holoku kilika
Calico dress	Holoku kalakoa
Hat	Papale
Cap	Papalekapu
Bonnet	Papale muouou

Dress coat	Koheoheo
Frock coat	Kuka loihi
Coat	Kuka
Vest	Puliki
Shirt	Palule
Pants	Lolewawae
Under-clothes	Paleili
Boots	Kamaabuki
Shoes	Kamaa
Stockings	Kakini
Gloves	Mikilima
Handkerchief	Hainaka
Shawl	Kihei
Cloak	Koloka

Animals and Fowls:	Holoholona me na Manu:
Horse	Lio kane
Stallion	Lio ke'a
Mare	Lio wahine
Colt	Lio keiki
Ass	Piula
Mule	Hoki
Ox	Pipi kauo
Bull	Pipi kane
Milch cow	Pipi waiu
Heifer	Pipi wahine
Calf	Pipi keiki
Sheep	Hipa
Lamb	Hipa keiki
Milch goat	Kao waiu
Goat	Kao kane
Kid	Kao keiki
Boar	Puaa kane
Sow	Puaa wahine
Dog	Ilio kane
Slut	Ilio wahine
Pup	Ilio keiki
Rooster	Moa kane

Hen	Moa wahine
Chicken	Moa keiki
Bird	Manu
Duck	Kaka
Wild duck	Koloa
Turkey	Pelehu

Meals	**Paina:**
Breakfast	Aina kakahiaka
Dinner	Aina awakea
Supper	Aina ahiahi

Relations:	**Na Hanauna:**
A man	He kanaka
A husband, or male	He kane
A wife, or female	He wahine
A daughter, or girl	He keikamahine
A son, or boy	He keiki kane
A baby, or offspring	He keiki
A male servant	He kauwa kane
A female servant	He kauwa wahine
A father, or an uncle	He makuakane
A mother, or an aunt	He makuahine
A grandparent	He kupuna
Ancestor	Kupuna kahiko
Descendants	Na mamo
A grandchild	He moopuna
A great grandchild	He moopuna kualua
A relative	He hoahanau
Children	Na kamalii
A friend	He hoaloha
An enemy	He enemi
A neighbor	He hoalauna
A companion	He hoahele
A sister's brother	He kaikunane
A brother's sister	He kaikuahine
Brother-in-law or sister	Kaikoeke

Elder sister, or brother	Kaikuaana
Younger brother, or sister	Kaikaina
A schoolmate	He hoahelekula
A playmate	He hoapaani
A family	He ohana
Blood relations	Na pilikoko
A married man	He kane i maleia
A married woman	He wahine i maleia
A son-in-law	He hunona kane
A daughter-in-law	He hunona wahine

Tools:	Na Lako Hana:
Hoe	Hao kope
Rake	Hao manamana
Plow	Palau
Rope	Kaula
Chain	Kaulahao
Gimlet, or auger	Nao wilipuka
Chisel	Kila
Plane	Koikahi
File	Apuapu
Screws	Kuinao
Screwdriver	Kala kuinao
Grindstone	Hoana
Hone	Pohaku hookala
Yoke	Leipipi
Hose	Iliwai
Yard broom	Pulumi opala
Wheelbarrow	Kaapalala
Pickaxe	Kipikua
Wagon, or cart	Kaa lawe ukana
Bullock cart	Kaa pipi
Hand cart	Kaa huki lima
Crowbar	Kolopa
Paint brushes	Na hulu pena
Harness	Ili kauo kaa
Vise	Upanao
Brake	Kaa huilalua

Jackscrew	Nao hoopii
Finishing nails	Na kui kakia makalii
Tacks	Kui kakia moena
Carpenter's bench	Pakaukau kamana
Toolchest	Pahu waiho lako hana
Apron	Epane
Sandpaper	Pepa kalakala
Whisk broom	Pulumi kuehu lepo

Colors:	Na Hooluu:
White	Keokeo
Black	Eleele
Blue	Po-lu
Brown	Hauliuli
Purple	Poni
Green	Omaomao
Yellow	Melemele
Red	Ulaula
Grey	Ahinahina
Speckled	Kikokiko
Spotted	Kaliko
Striped	Onionio

Coins:	Na Kala:
A cent	He keneka
A dime	He kenikeni
A quarter	He hapaha
A half-dollar	He hapalua
A dollar	He kala
Silver	Kala keokeo
Gold	Kala Kula

Instruments of War:	Na Mea Kaua:
Cannon	Pu kuniahi
Gun	Pu kaupoohiwi
Pistol	Pu panapana

Sword	Pa ii kaua
Spear	Ihe
Bullet	Poka
Powder	Pauda
Shot	Lu

Times and Seasons:	Na Manawa:
A second	He kekona
A minute	He minuke
An hour	He hola
A day	He la
A week	He hebedoma
A Sabbath	He Lapule
A month	He malama
A year	He makahiki
Morning	Kakahiaka
Noon	Awakea
Afternoon	Auwina la
Evening	Ahiahi
Dusk	Polehulehu
Light	Malamalama
Dark	Poeleele
Dim	Powehiwehi
Dawn	Wanaao
Midnight	Aumoe
Night	Po

Government Offices:	Na Keena Aupuni:
Governor's Office	Keena Kiaaina
Secretary's Office	Keena Hope Kiaaina
Treasurer's Office	Keena Puuku
Auditor's Office	Keena Luna Hooia
Sheriff's Office	Keena Makai Nui
Deputy Sheriff's Office	Keena Luna Makai
Mayor's Office	Keena Meia
County Clerk's Office	Keena Kakauolelo Kalana
County Attorney's Office	Keena Loio Kalana

Water Works Offices	Keena Oihana Wai
Chief Justice's Office	Keena Lunakanawai Kiekie
Tax Collector's Office	Keena Ohi Auhau
Collector Customs Office	Keena Ohi Kuke
Board of Education Office	Keena Papa Hoonaauao
Board of Health Office	Keena Papa Ola
Survey Office	Keena Ana Aina

Of a School:	**Na ke Kula:**
Teacher	Kumu
Pupil	Haumana
Schoolhouse	Halekula
Book	Puke
Page	Aoao
Desk	Waihona puke
Writing paper	Pepa kakau
Bench	Noho
Pen	Peni
Lead pencil	Penikala
Slate pencil	Papapoaku
Ink	Inika
Slate	Papapokaku
Blackboard	Papaeleele
Map	Palapalaaina
Globe	Poepoe
Read	Heluhelu
Write	Kakau
Spell	Pela
Spelling-book	Puke ao pela
Count	Helu
Figure	Huahelu
Letter	Huapalapala
Word	Huaolelo
Mental arithmetic	Helunaau
Written arithmetic	Helukakau
Algebra	Hoailona helu
Geography	Hoikehonua

Surveying	Ana aina
Geometry	Anahonua
Astronomy	Kilohoku
History	Moolelo
Science	Akeakamai

Religious Terms:	**Na Inoa Haipule:**
God	Ke Akua
Holy Spirit	Uhane Hemolele
Faith	Manaoio
Savior	Ka Hoola
Jesus Christ	Iesu Kristo
Pray	Pule
Repent	Mihi
Believe	Hoomanaoio
Hope	Manaolana
Trust	Paulele
Redeem	Pakele
Bible	Palapala Hemolele
Old Testament	Kauoha Kahiko
New Testament	Kauoha Hou
Meeting	Halawai
Worship	Hoomana
Prophet	Kaula
Apostle	Lunaolelo
Minister	Kahunapule
Elder	Lunakahiko
Deacon	Kiahona
Baptize	Papekiko
Lord's Supper	Ahaaina a ka Haku
Sing	Mele
Psalm	Halelu
Hymn	Himeni
Heaven	Lani
Hell	Luaahi
Spirit	Uhane
Devil	Kiapolo
Tempt	Hoowalewale

Righteous	Hoopono
Sin	Hewa
Church	Halepule
Sacrifice	Mohai
Intercessor	Mea hooponopono
Denomination	Hoomana
Protestant	Kalawina
Catholic	Kakolika
Episcopalian	Hoomana Pihopa
Mormon	Moremona
(The adjective generally follows the noun in Hawaiian)	(Ma ka Olelo Beritania he mua ka haina, he hope ka haiinoa)
A good man	He kanaka maikai
A beautiful woman	He wahine ui
A tall girl	He keikamahine loihi
A lying boy	He keikikane wahahee
A true story	He moolelo oiaio
A false report	He lono hoopunipuni
A kind action	He hana lokomaikai
A powerful person	He kanaka oolea
A long road	He alanui loa
A short reply	He pane pokole
A strong soldier	He koa ikaika
A saucy child	He keiki pakike
A straight cane	He kookoo pololei
A crooked arm	He lima kekee
A high wall	He pa kiekie
A low house	He hale haahaa
A covetous heart	He naau kuko
A ready mind	He manao makaukau
A skillful work	He hana mikioi
A wise teacher	He kumu naauao
A large thing	He mea nui
A round ball	He popo poepoe
A broad plate	He pa laula
A stingy child	He keiki pi
Rotten rope	He kaula popopo
A tough skin	He ili uaua

A kind word	He olelo aloha
A crying child	He keiki uwe
A hungry dog	He ilio pololi
A distant land	He aina mamao
A pacing horse	He lio holopeki
(But the adjective emphatic precedes the noun, and then sometimes assumes the form of a noun or verb, but not always)	(Aka, ua kau kekahi haiano mamua o ka haiinoa, a i kekaahi wa lawe ae la i ke ano he haiinoa a i ole haiano; aole nae i na manawa a pau)
A great (is) the house	He nui ka hale
(Is) much the water	Ua nui ka wai
Great (is) the difficulty	Nui ka pilikia
Plain (is) the talk	Maopopo ka olelo
(Is) clear the thought	Ua akaka ka manao
A clear (is) the meaning	He akaka ke ano
Good (is) the road	Maikai ke ala
Straight (are) the rows	Pololei na lalani
Sharp (are) the knives	Oi na pahi
A sharp (are) the prickers	He oi na kui
(Are) sharp the prickers	Ua oi na kui
Glorious (is) the sun	Nani ka la
(Is) glorious the sun	Ua nani ka la
A glorious (is) the sun	He nani ka la
Swift (are) the feet	Mama na wawae
(Are) swift the feet	Ua mama na wawae
A swift (are) the feet	He mama na wawae
Resentful (is) the heart	Ukiuki ka naau
A resentful (is) the heart	He ukiuki ka naau
(Is) resentful the heart	Ua ukiuki ka naau
Angry (is) my wife	Huhu kuu wahine
(Is) angry my parent	Ua huhu kuu makua
An angry (is) my dog	He huhu kuu ilio
Sick (is) my child	Mai kuu keiki
(Is) sick his parent	Ua mai kona makua

A sick (are) the all	He mai lakou a pau
(The distinctions of gender are expressed by suffixing to the name of the kane, male, and the wahine, female)	(I kumu e maopopo ai ke kama ua pakui ia ka huaolelo kane a me ka huaolelo wahine i mea e hookaawale ia ai)
A horse	He lio kane
A mare	He lio wahine
A bullock	He pipi kane
A cow	He pipi wahine
A he goat	He kao kane
A she goat	He kao wahine
Mr. Hoapili	Hoapili kane
Mrs. Hoapili	Hoapili wahine
Mr. Bingham	Pinamu kane
Mrs. Bingham	Pinamu wahine
Mr. Parker	Paleka kane
Mrs. Parker	Paleka wahine
A tailor	He kela kane
A tailoress	He kela wahine
A doctor	He kauka kane
A doctoress	He kauka wahine
A lion	He liona kane
A lioness	He liona wahine
A he cat	He popoki kane
A she cat	He popoki wahine
A he dog	He ilio kane
A she dog	He ilio wahine
A he rat	He iole kane
A she rat	He iole wahine

Use of Pronouns:	No na Paniinoa:
Singular—My hat	{ Kuu papale / No'u ka papale
Thy horse	{ Kou lio / Ka lio ou
His dog	{ Kana ilio / Ka ilio nana

Dual—The word of us (two) (you and me)	Ka olelo a kaua Ka kaua olelo
The ship of us two (him and me)	Ka moku a maua Ka maua moku
The work of you two	Ka hana a olua Ka olua hana
The child of those two	Ke keiki a laua Ka laua keiki
Plur'l—Our house (The house of me and you	Ka hale o kakou Ko kakou hale
Our house. (Of me and them)	Ka hale a makou Ko makou hale
Your land	Ka aina o oukou Ko oukou aina
Their thought	Ko lakou manao Ka manao o lakou
Singular—My pen	Ka'u peni
Thy paper	Kau pepa
His pencil	Kana penikala

Metals:	Na Metala:
Iron	Hao
Steel	Kila
Tin	Kini
Gold	Kula
Silver	Ka-la
Copper, or brass	Keleawe
Lead or pewter	Kepau, piula

Pertaining to Ships	Mea Pili i na Moku:
A vessel	He moku
A three-masted ship	He kiakolu
A ship of war	He manuwa
A merchant ship	He moku kalepa
A whaleship	He moku o kohola
A steamer	He moku mahu

A bark	He kiapa
A schooner, or brig	He kialua
A sloop	He kiakahi
A canoe	He waa
A boat	He waapa
An oar, or paddle	He hoe
Anchor	Heleuma
The rudder	Ka hoeuli
The keel	Ka iwikaele
The masts	Na kia
The sails	Na pea
The running rigging	Na kaula moku
The bow	Ka ihu
The stern	Ka hope
The cabin	Ke keena hope
The steerage	Ke keena waena
The hold	Ka lua ukana
The propeller	Ka huila
The telescope	Ka ohenana
The cargo	Ka ukana
The compass	Ke panana
Passengers	Na eemoku, na hua
Sailors	Na luina
The captain	Ke kapena
The mate	Ka malamamoku
The owner	Ka ona
The supercargo	Ke kupakako

Buildings:	Na Hale:
Stone house	Hale pohaku
Brick house	Hale uinihapa
Wooden house	Hale laau
Grass house	Hale pili
Adobe house	Hale lepo
Court house	Hale hookolokolo
Prison	Hale paahao
Station house	Halewai
Outhouses	Na hale liilii

School house	Hale kula
Lodging house	Hale moe
Store	Halekuai
Hospital	Halema'i
Workshop	Hale hana
Machine shop	Hale mikini
Moulding shop	Hale hoohee hao
Carpenter shop	Hale kamana
Blacksmith shop	Hale amala
Bookstore	Hale kuai puke
Warehouse	Hale hoahu
Theatre	Hale keaka
Cupboard	Keena waiho mea ai
Government house	Hale aupuni
Cellar	Halelua
Wall, or fence	Pa
Stone wall	Papohaku
Wooden fence	Pa laau
Iron fence	Pa hao
Mud wall	Pa lepo
Gate	Pukapa
Foundry	Hale hana hao
Chicken house	Hale moa
Duck house	Hale kaka
Dog house	Hale ilio

Things in Earth & Sky:	**Mea Honua ame ka Lani**
The sun	Ka la
The moon	Ka mahina
New moon	Mahina hou
Half moon	Mahina hapa
Full moon	Mahina piha
Stars	Na hoku
Morning star	Hoku ao
Evening star	Hoku ahiahi
Comet	Hoku welowelo
Meteor	Hoku lele
A rainbow	Anuenue

A planet	Hoku hele
An eclipse	Pouli ka la, ka mahina
The air	Ke ea
The wind	Ka makani
Hurricane	Makani ikaika
A calm	He pohu
A cloud	He ao
A flood	He wai nui
A fog	He ohu, pohina
The earth	Ka honua
The sky	Ke aouli
The world	Ke ao nei
The other world	Kela ao
The heavens	Na lani
Thunder	Hekili
Lightning	Uila
Earthquake	Olai
Storm	He makani ino
Whirlwind	Puahiohio
A rainy day	He la ua
Moonlight night	Po mahina
A cold day	He la huihui
Ice	Hau

Occupations:	Na Oihana:
A carpenter	He kamana
A cooper	He mea hana palala
A blacksmith	He amala
A shoemaker	He mea hana kamaa
A tailor	He mea humulole
A printer	He mea paipalapala
A sail maker	He mea humupea
A watch maker	He mea hana uwaki
A herdsman	He kahupipi
A shepherd	He kahuhipa
A peddler	He mea maauauwa
A cook	He kuke
A steward	He kuene

A merchant	He kalepa
A farmer	He mahiai
A planter	He mea kanu
A bullock catcher	He paniolo
A surveyor	He ana aina
A clerk	He kakauolelo
A lawyer	He loio
A doctor	He kauka
A minister	He kahunapule
A teacher	He kumukula
A soldier	He koa
A policeman	He makai
A truant officer	He makai kula
An engineer	He wiliki
A tinsmith	He mea hana kini
A coppersmith	He mea hana keleawe
A lumber dealer	He kuai papa
A live stock dealer	He kuai holoholona
Hog raiser	He hanai puaa
A store keeper	He malama halekuai
A watchman	He kiai

Government Officials:	Na Luna Aupuni:
Governor	Kiaaina
Secretary	Kakauolelo o ka Teritore (Generally called Hope Kiaaina)
Treasurer	Puuku
Tax Assessor	Luna Helu Auhau
Attorney-general	Loio kuhina
Auditor	Luna hooia
Surveyor	Luna ana aina
Postmaster	Luna leka
Chief justice	Lunakanawai kiekie
Circuit judge	Lunakanawai kaapuni
District judge	Lunakanawai apana
Tax collector	Luna ohi auhau
Road supervisor	Luna alanui

Registrar of conveyances	Luna kakau kope
Sheriff	Makai nui
Supt. of public works	Luna nui ona hana hou

Building Materials:	**Na Mea Kukulu Hale:**
Stone	Pohaku
Brick	Uinihapa
Posts	Na pou
Studs	Na ku
Rafters	Na oa
Sleepers, or plates	Na kua
Beams	Na kaola
Shingles	Na pili
Boards	Na papa
Planks	Na papa manoanoa
Laths, battens	Na aaho
Mortar	Puna
Sand	One

Cardinal Numbers:	**Na Kumu Helu:**
One	Akahi
Two	Alua
Three	Akolu
Four	Aha
Five	Alima
Six	Aono
Seven	Ahiku
Eight	Awalu
Nine	Aiwa
Ten	Umi
Eleven	Umikumamakahi
Twelve	Umikumamalua
Thirteen	Umikumamakolu
Fourteen	Umikumamaha
Fifteen	Umikumamalima
Sixteen	Umikumamaono
Seventeen	Umikumamahiku

Eighteen	Umikumamawalu
Nineteen	Umikumamaiwa
Twenty	Iwakalua
Twenty-one	Iwakaluakumamakahi
Twenty-two	Iwakaluakumamalua
Twenty-three	Iwakaluakumamakolu
Twenty-four	Iwakaluakumamaha
Twenty-five	Iwakaluakumamalima
Twenty-six	Iwakaluakumamaono
Twenty-seven	Iwakaluakumamahiku
Twenty-eight	Iwakaluakumamawalu
Twenty-nine	Iwakaluakumamaiwa
Thirty	Kanakolu
Thirty-one	Kanakolukumamakahi
Thirty-two	Kanakolukumamalua
Thirty-three	Kanakolukumamakolu
Thirty-four	Kanakolukumamaha
Thirty-five	Kanakolukumamalima
Thirty-six	Kanakolukumamaono
Thirty-seven	Kanakolukumamahiku
Thirty-eight	Kanakolukumamawalu
Thirty-nine	Kanakolukumamaiwa
Forty	Kanaha
Fifty	Kanalima
Sixty	Kanaono
Seventy	Kanahiku
Eighty	Kanawalu
Ninety	Kanaiwa
One hundred	Hookahi haneli
Two hundred	Elua haneli
Three hundred	Ekolu haneli
Four hundred	Eha haneli
Five hundred	Elima haneli
Six hundred	Eono haneli
Seven hundred	Ehiku haneli
Eight hundred	Ewalu haneli
Nine hundred	Eiwa haneli
One thousand	Hookahi kaukani
Two thousand	Elua kaukani

Three thousand	Ekolu kaukani
Four thousand	Eha kaukani
Five thousand	Elima kaukani
Six thousand	Eono kaukani
Seven thousand	Ehiku kaukani
Eight thousand	Ewalu kaukani
Nine thousand	Eiwa kaukani
Ten thousand	Umi kaukani
One million	Hookahi miliona
Two millions	Elua miliona
Three millions	Ekolu miliona
Four millions	Eha miliona
Five millions	Elima miliona
One billion	Hookahi piliona

Ordinal Numbers:	**Na Helu Papa:**
First	Ke kahi
Second	Ka lua
Third	Ke kolu
Fourth	Ka ha
Fifth	Ka lima
Sixth	Ke ono
Seventh	Ka hiku
Eighth	Ka walu
Ninth	Ka iwa
Tenth	Ka umi
Eleventh	Ka umikumamakahi
Twelfth	Ka umikumamalua
Thirteenth	Ka umikumamakolu
Fourteenth	Ka umikumamaha
Fifteenth	Ka umikumamalima
Sixteenth	Ka umikumamaono
Seventeenth	Ka umikumamahiku
Eighteenth	Ka umikumamawalu
Nineteenth	Ka umikumamaiwa
Twentieth	Ka iwakalua
Twenty-first	Ka iwakaluakumakahi
Twenty-second	Ka iwakumamalua

Twenty-third	Ka iwakaluakumamakolu
Twenty-fourth	Ka iwakaluakumamaha
Twenty-fifth	Ka iwakaluakumamalima
Twenty-sixth	Ka iwakaluakumamaono
Twenty-seventh	Ka iwakaluakumamahiku
Twenty-eighth	Ka iwakaluakumamawalu
Twenty-ninth	Ka iwakaluakumamaiwa
Thirtieth	Ke kanakolu
Fortieth	Ke kanaha
Sixtieth	Ke kanaono
Eightieth	Ke kanawalu
One hundredth	Ka haneli

Distributive Numbers	Na Helu Hoohapa:
A half	He hapalua
A third	He hapakolu
A fourth	He hapaha
A fifth	He hapalima
A sixth	He hapaono
A seventh	He hapahiku
An eighth	He hapawalu
A ninth	He hapaiwa
A tenth	He hapaumi
An eleventh	He hapaumikumamakahi
A twelfth	He hapaumikumamalua
A thirteenth	He hapaumikumamakolu
A fourteenth	He hapaumikumamaha
A fifteenth	He hapaumikumamalima
A sixteenth	He hapaumikumamaono
A seventeenth	He hapaumikumamahiku
An eighteenth	He hapaumikumamawalu
A nineteenth	He hapaumikumamaiwa
A twentieth	He hapaiwakalua
A thirtieth	He hapakanakolu
A fortieth	He hapakanaha
A fiftieth	He hapakanalima
A sixtieth	He hapakanaono
A seventieth	He hapakanahiku

An eightieth	He hapakanawalu
A ninetieth	He hapakanaiwa
A hundredth	He hapahaneli

Of the Verbs To Have and To Be:

(There are no words in the Hawaiian corresponding to the verbs to have and to be, and the genius of the language does not allow the use of such verbs. When we say: 'I have the thing,' the Hawaiian expresses it, 'The this is to me, or with me')

No ka Haina "To Have" ame "To Be":

(Aohe no he mau huaolelo ma ka Hawaii i like me na haina 'have,' 'hast,' 'had,' 'has,' ame 'be,' 'ami,' 'was,' 'been'; aole no i ae ka olelo e hoohana i kela mau haina, oiai aohe i loaa na huaolelo ano like me ka Hawaii. Na huaolelo e ae, e komo mai ana ke ano o na huaolelo haole)

I have a father	He makuakane ko'u
Thou hast a mother	He makuahine kou
He, or she, has a child	He keiki kana
We have a house	He hale ko kakou
You have a farm	He aina mahiai ko oukou
They have a book	He buke ka lakou
I had some money	He kala ka'u mamua
Thou hadst pleasure	He lealea kou mamua
He, or she, had wealth	He waiwai kona mamua
We had shoes	He kamaa ko kakou
You had food	He ai ka oukou mamua
They had ill luck	He poino ko lakou mamua
Have I a father?	He makuakane anei ko'u?
Hast thou a mother?	He makuahine anei kou?
Has he, or she, a child?	He keiki anei kana?
Have we a house?	He hale anei ko kakou?
Have you any land?	He aina anei ko oukou?
Have they a book?	He puke anei ka lakou?
I have it	Eia no ia i a'u
They have it not	Aole ia lakou ia
Have you any food?	He ai anei kau?
I have no food	Aole a'u ai
Have you found the sheep	Ualoaa anei ia oe ka hipa?

I have not found it	Aole i loaa i a'u
1—Examples when the verb 'to be' is understood in the Hawaiian	He mau wahi e hoike ai i ka haina 'to be' i haule ma ka olelo Hawaii
I am a man	He kanaka no wau
Thou art the man	O oe no ke kanaka
He is a child	He keiki no ia
We are scholars	He poe haumana kakou
Ye are not the men	Aole o oukou na kanaka
They are the chiefs	O lakou na alii
2—More frequently the verb 'to be' is expressed along with the adjective or participle, or even any other part of speech thrown into the form of a verb	
I am hurt	Ua eha wau
You are pleased	Ua hauoli oukou
Thou art going	E hele ana oe
He is running	Ke holo ala oia
He is lame	Ua oopa oia
We are taught	Ua ao ia kakou
She is sorry	Ua mihi oia
Mary is angry	Ua huhu o Mele
They are soldiers	He poe koa lakou
Be a man	E hookanaka makua oe
Be still	E noho malie
Be gone	E hele pela
I am sick	Ua mai au
You are recovered	Ua ola oe
He is not guilty	Aole oia i hewa
We are dying	Ke make nei kakou
We are deafened	Ua kuli makou
Be quick	E awiwi
He will be angry	E huhu auanei oia
They are coming	Ke hele mai la lakou
Let me alone	E waiho malie i a'u
Let him go	E hookuu aku iaia
I am determined	Ua paa kuu manao
Thou art ashamed	Ua hilahila oe

He is incredulous	Ua hoomaloka oia
You and I are agreed	Ua like ko kaua manao
Ye two are out of sight	Ua nalowale olua
They two are hiding	Ua pee laua
Ye two are fled	Ua mahuka olua
We (ye and I) are heavy	Ua kaumaha kakou
We (they and I) are fleet	Ua mama makou
Ye are rich	Ua waiwai oukou
They are quick	Ua hikiwawe lakou
Let there be light	I malamalama
Let him not come	Mai ae aku iaia e hele mai
Let him come	E ae aku iaia e hele mai

Directions and Requests | Na Kauoha a me na Noi:

Bring some water	E lawe mai i wahi wai
In the bucket	Maloko o ka pakeke
In the cup	Maloko o ke pola
In the pitcher	Maloko o ka pika
Shut the door	E pani i ka puka
Open the door	E wehe i ka puka
Light the fire	E ho-a i ke ahi
Get some wood	E kii i wahie
Get some coal	E kii i na lanahu
Make haste	E awiwi
Do not be so slow	Mai hoololohi oe pela
Listen to me	E hoolohe mai ia'u
Go to work	E hele i ka hana
Come here	E hele mai maanei
Go there	E hele aku ilaila
I beg you	Ke noi nei au ia oe
Carry this tea cup	E lawe aku i keia pola ki
Take care, go steady	E malama, e hele malie
Do not spill the tea	Mai hoohanini i ke ki
Place it on a mat	E kau maluna o ka moena
Be still, do not talk	Noho malie, mai kamailio
Call the chief steward	Kahea aku i ke kuene nui
What is your salary	Heaha kou uku?
It is paid, is it not?	Ua uku ia, aole anei?
I don't know, where is it?	Aole au i ike, mahea la?

Don't you know? Here it is	Aole oe i ike? eia la
It is in your trunk	Aia iloko o kou pahu
Where is the trunk?	Aia mahea ka pahu?
There, under the bed	Aia malalo o ka moe
It is fastened with a key	Ua hoopaa ia i ke ki
It is in that room	Aia iloko o kela lumi
What are you doing there?	E aha ana oe malaila?
I am looking for my hat	E huli ana au i kuu papale
Where did you leave it?	Mahea ka oe i waiho ai?
I hung it on a nail	Ua kau au iluna o ke kui
Somebody has taken it	Ua lawe ia e kekahi mea
I have found it	Ua loaa ia'u
Where did you find it?	Mahea kahi i loaa ai ia oe?
In my bed room	Iloko o kuu lumi moe
Do not lose it again	Mai hoonalowale hou oe
True, that is a good advice	Oiaio, he a'o maikai kela
Look for baby's shoes	E huli i na kamaa o pepe
Where is baby's milk?	Aia mahea ka waiu o pepe
It is on the stove	Aia maluna o ke kapuahi
Tell the cook to bring it	Olelo i ke kuke e lawe mai

Short Questions:	Na Ninau Pokole:
Who art thou?	Owai oe?
Who is that?	Owai kela?
Who, who are they?	Owai, owai lakuo?
What is thy name?	Owai kou inoa?
What is his (or her) name	Owai hoi ko iala inoa?
What do you want?	Heaha kou makemake?
From whence came you?	Mai hea mai oe?
Where are you going?	E hele ana oe mahea?
When did you come?	Inahea kou hele ana mai?
When will you go?	Ahea oe hele?
With whom do you live?	Me wai oe e noho nei?
With whom do you go?	Me wai oe e hele pu nei?
Did you come on a horse?	Ma ka lio mai nei oe?
Did you come on foot?	I hele wawae mai nei oe?
Where have you been?	Ihea aku nei oe?

Are you a smart rider?	Akamai no oe i ka holo lio?
What are you afraid of?	Maka'u oe i ke aha?
What is this thing?	Heaha keia mea?
What is that thing?	Heaha kela mea?
What is its name?	Heaha kona inoa?
Did you ever see it before?	Ua ike anei oe ia mamua?
Are you strong?	He ikaika no oe?
Are you weak?	He nawaliwali oe?
How do you do this?	Pehea oe e hana nei i keia?
Who showed you?	Nawai oe i kuhikuhi?
What are you saying?	Heaha kau e olelo mai nei?
How did you hear?	Pehea oe i lohe ai?
How do you know?	Pehea kou ike ana?
What do you think of it?	Heaha kou manao ia mea?
Is it right? is it wrong?	Pono paha? hewa paha?
Do you doubt it?	Ua kanalua anei oe?
Can you correct it?	Hiki no ia oe ke hoopololei?
Has the man returned?	Ua hoi mai nei ke kanaka?
Where did he go?	Ihea oia i hele aku nei?
Are you familiar with him?	Ua kamaaina no oe iaia?
Is the ship at anchor?	Ua ku anei ka moku?
Does he know it?	Ua ike anei oia?
Is it all eaten up?	Ua pau anei i ka ai ia?
Has he thrown it away?	Ua kiola anei oia?
Where was it thrown?	Mahea kahi i kiola ia ai?
Has the captain gone?	Ua hala anei ke kapena?
At what time did he go?	I ka wa hea kona hele ana?
About how many miles?	Ehia la ka nui o na mile?
Are you going there?	E hele ana oe ilaila?
How many pupils has he?	Ehia ana mau haumana?
Is the door open?	Ua hamama anei ka puka?
Who shut the door?	Nawai i pani ka puka?
Are the windows fast?	Ua paa na puka aniani?
Did you sleep well?	Ua hiamoe maikai anei oe?
Are you returning home?	Ke hoi nei oe i ka hale?
Do I owe you much?	He nui anei ko'u aie ia oe?
Whose hat is this?	Nowai keia papale?
What must I pay to you?	Heaha ka'u e uku ai ai oe?
Shall I give you a present?	E haawi au i makana nau?

What will you give me?	Heaha kau e haawi mai ai?
What shall I do?	Heaha ka'u e hana aku ai?
Can you do this?	Hiki ia oe ke hana i keia?
Do you wish to take it?	Ua makemake oe e lawe?
Will you sell that horse?	Makemake oe e kuai aku i kela lio?
What is the price?	Heaha ke kumukuai?
Is not that price too much?	Pii loa paha ke kumukuai?
Is it not well to lessen it?	Pono anei ke hoemi iho?
Will you come again?	E hele hou mai ana no oe?
How is your father?	Pehea kou makuakane?
Is he still raising sheep?	Ke hanai hipa nei no oia?
Do you go to school?	He hele no oe i ke kula?
What is the teacher's name?	Owai ka inoa o ke kumu?
Do you love the teacher?	He aloha no oe i ke kumu?
Who owns that nice house?	Nowai kela hale maikai?
Is he a rich man?	He kanaka waiwai oia?

Pertaining to Sleep:	**Pili i ka Hiamoe:**
Rise, get up!	E ala, e ala!
How sleepy you are!	Makahiamoe maoli oe!
I do not wish to get up	Aole o'u makemake e ala
Not time! the time is past	Aole keia o ka wa! ua hala ka wa
Is it so: what is the hour?	Pela anei? heaha ka hola?
It is past eight o'clock	Ua hala ka hola ewalu
Make haste and dress	E wiki, a e komo i ka lole
Yes, I will do so	Ae, e hana no au pela
How came you to sleep so long?	Heaha kou mea i hiamoe loa ai?
I had a strange dream	He moeuhane ano e ka'u
What was your strange dream?	Heaha kau moeuhane kupanaha?
I have forgotten the most of it	Ua poina au i ka hapanui
Was it a bad dream?	He moeuhane ino paha?
I dreamt about war	Moeuhane au i ke kaua
What do you think of dreams?	Heaha kou manao i na moeuhane?
They are only wanderings	He manao aea wale no ia

of thought in sleep	o ka naau iloko o ka moe
Does not Jehovah speak to us while we are dreaming?	Aole anei he kamailio mai o Iehowa ia kakou i ka wa e moeuhane ai?
Not often, perhaps never in these times	Aole pinepine, aole loa paha i neia manawa
Did He speak thus in former times?	Ua kamailio anei Oia pela i na wa mamua?
He spoke thus only to the prophets	Ua kamailio Oia pela i na kaula wale no
What do dreams teach us?	Heaha la na mea ao mai o na moeuhane ia kakou?
Dreams teach us that we have a spirit within	He ao mai na moe he uhane ko kakou maloko
How? explain it to me	Pehea? e hoakaka mai ia'u

At Dressing: I ke Komo Lole Ana:

John, make a fire	E Ioane, e ho-a i ke ahi
Warm me some water	Hoomahana i wai no'u
Mix cold water with it	E awili me kahi wai huihui
Bring a clean shirt	Lawe mai i palule maemae
Look in the bureau	Nana iloko o ka pahu ume
Take out the clothes	E lawe i na lole mawaho
Have you found it?	Ua loaa anei ia oe?
Now bring the shoes and stockings	Ano, e lawe mai i na kamaa a me na kakini
Are the shoes brushed?	Ua palakiia anei na kamaa
Take and do them again	E lawe a e hana nou iho
Pour water into this tin basin	E ninini i wai maloko o keia pakini
I wish to wash hands and face	Ua makemake au e holoi i na lima me ka maka
Where is the soap and towel?	Auhea la ke kopa ame ke kawele?
Bring my razor and the strop	Lawe mai i kuu pahiumi-umi ame ka ili
My shirt is damp, dry it in the sun	Ua kawau kuu palule, e kaula'i i ka la

Has the washer-woman brought my clothes?	Ua lawe mai anei ka wahine holoi i kuu lole?
Yes, here they are	Ae, eia la
Are they all here?	Ua pau loa mai anei?
I have counted all	Ua helu au a pau loa
Has she brought the bill also?	Ua lawe pu mai anei oia i ka pila aie?
Pay her the amount in full	E uku aku iaia i ka huina piha
Bring my black vest and coat	Lawe mai i kuu puliki eleele me ke kuka
Where is my handkerchief	Auhea la kuu hainaka?
My glove is lost	Ua nalowale kuu mikilima
I cannot find it	Aohe loaa i a'u
Look until you find it	E huli iho oe a loaa
It was on the bureau last evening	Maluna nohoi o ka pahu-uma i ke ahiahi nei
Here it is in your dressing-room	Eia la iloko o ko lumi komo lole
Carry these pantaloons to the tailor	E lawe aku i keia lolewa-wae i ke kela
What shall he do to them?	Heaha kana e hana iho ai
Tell him to sew up the rip	Olelo aku oe iaia e humu i kahi i nahaehae
The laces of my shoes are gone	Ua nalo na li o kuu mau kamaa
Get some laces at the shoe-store	E kii aku i mau li i ka halekuai kamaa
Do you want a hair-pin, mama?	Ua makemake anei oe i pine lauoho e mama?
No, get me a needle	Aole, e kii i kuikele no'u
Please put in the thread for me	E oluolu oe e hookomo i ka lopi no'u
I cannot see without eye-glasses	Aohe hiki i a'u ke ike me na maka-aniani ole
Whose shawl is this?	Nowai keia kihei?
It is not mine	Aole no'u
Here is your dress	Eia ko holoku
The dress fits you well	Pili pono ko holoku

But it is too long though	Aka, he loihi loa nae
Such is the fashion now	O ka paikini ia i keia wa
These boots are too large	He nui loa keia mau puki
The feet sink into them	Piholo pu na wawae iloko

A Conversation with a Native Woman:

He Kamailio me Kekahi Wahine Maoli:

What is to be done?	Heaha ka mea e hana ai?
What shall we two do?	Heaha ka kaua e hana ai?
Will you help me?	E kokua mai hoi oe i a'u
I am in very great difficulties	Eia au iloko o na pilikia ano nui
My strength is spent	Ua pau kuu ikaika
Much work remains	He nui ka hana i koe
Do not be afraid to work	Mai maka'u oe i ka hana
I will not be afraid	Aole au e maka'u
What is the work that remains unfinished?	Heaha ka hana e koe nei i hoopau ole ia?
To put the house in order	Hooponopono i ka hale
To cook the food	Kuke i na mea ai
To wipe the dishes	Kawele i na pa
To spread the table	Uhola i ka papa aina
To place aright the cups	Waiho pono i na pola
A knife and fork by each plate	Pahi me ke o ma ka aoao o kela a me keia pa
To wash the windows and blinds	Holoi i na pukaaniani a me na olepelepe
Sweep the house and yard	Pulumi i ka hale me ka pa
To turn over the beds	Hoohuli i na pela moe
The chairs to be set in their places	Hoonohonoho pono i na noho
Open the closets and arrange the clothes	Wehe i na keena a waiho pono aku i na lole
And hang up the dresses just washed	A e kau i na holoku i holoi koke ia iho nei
Comb your hair, Mary	Mele, e kahi i ko lauoho
Then come and sew with me	Alaila hele mai e humuhumu me a'u

Now, let us converse	Ano, e kamailio kaua
Would you like to live here?	Makemake oe e noho ia nei?
Yes, I would like to live here	Ae, he makemake no ko'u e noho maanei
You are a very pleasant woman	He wahine oluolu maoli oe
Were you born here?	Ia nei oe kahi i hanau ia ai?
No, the island of Maui is my birth place	Aole, o ka mokupuni o Maui ko'u wahi hanau
If I do wrong would you be angry?	Huhu no oe ke hana hewa au?
I should then be angry	Alaila, e huhu no au
At what wrong would you be angry?	I ka hana hewa hea kau e huhu ai?
If you refuse to obey my orders	Ina oe e hoole e hoolo he i ka'u mau kauoha
If you are saucy	Ina e pakike mai oe
And if you are lazy	A ina e molowa oe
If you forsake me and run off	Ina oe e haalele mai ia'u a holo aku
If you take things without asking	Ina oe e lawe i kekahi mau mea me ke noi ole
If you give away my property	Ina e haawi wale aku oe i kuu waiwai
If you steal any of my plants	Ina e aihue oe i kekahi o a'u mau mea kanu
If you gossip and tell falsehoods	Ina e holoholo olelo oe a hoopunipuni
If you say yes and do not do it	Ina oe e ae me ka hana ole nae
And if you do not attend the family worship	A ina e hele ole ma ioe i ka pule ohana
If you persist in going to places of ill repute	Ina e paakiki oe i ka hele ma kahi haumia
And if you do not read the Bible constantly	A ina e heluhelu mau ole oe i ka Paipala

If you leave the house without my permission	Ina e haalele oe i ka hale me ko'u ae ole
Then I should be angry	Alaila au huhu
If I wish to go home, why may I not go?	Ina au e makemake ana e hoi, pehea aole au e hiki?
If you ask me when the work is done, then I will give my consent	Ina e noi mai oe i ka wa e pau ai ka hana, ae no au
It is proper that I should know of your going	He mea pono e ike au i kou hele ana
When I lived with Mrs. B. it was not that way	I ka wa a'u i noho ai me B. wahine, aole pela
Is that so, how was it there?	Oiaio kela, pehea malaila
Mrs. B. pulled my nose and cuffed my ears	Huki o B. wahine i kuu iho a pa'i i kuu mau pepeiao
What did you say to her then?	Heaha kau i olelo aku ai iaia ia manawa?
I only said you have too much work	Olelo wale aku no au he nui loa kau hana
She did not treat you kindly?	Aole oia i hana oluolu aku ia oe
She was stingy of her food when my friends asked for it	Ua pi oia i kana mea ai i ka manawa i noi aku ai o'u mau hoa'loha
And she said I ate too much	A ua olelo oia he ai nui loa ka au
She also remarked that I ate greedily	Ua hoopuka pu ae la oia, he pakela ai au
And what did you reply?	A heaha kau i pane aku ai?
I told her to look in another direction	I aku la au e nana oe ma kahi e
Ah! you were impertinent	Ka! ua pakike oe
She wished to instruct you how to eat properly	Ua makemake oia e a'o aku ia oe, e ai pono

Perhaps so, but I only ate as other Hawaiians do

You say aright, it is bad to pilfer

It is wrong if you take a pin without asking, by and by you will abstract large things in the same manner

Do you regret the losing of a pin?

I do not, but I want the right thing to be done

I see, it is wrong to take a pin because it is stealing

That is, be afraid to steal little things then great things will be safer with you

I had a small boy who stole matches at first, and now he is in prison for abstracting all my money

Is it wrong for me to receive stolen property from another?

Yes, it is like stealing

Would it be right for me to conceal a theft?

No, it is helping the thief

This is the first time I have ever heard these things

Pela paha, aka, ai au e like me na Hawaii e ae

He olelo pono kau, he ino ka aihue

He hewa no ina e lawe wale oe i ke pine me ke noi ole, mahope lawe wale auanei oe i na mea nui a ma ia ano no

He minamina oe ke nalowale kekahi pine?

Aole, o ka mea pono nae ka'u makemake e hana ia

Ke ike ala au, he hewa ke lawe i ke pine, no ka mea, he aihue ia

A penei, e maka'u oe i ka aihue i na mea liilii, alaila, malu na mea nui me oe

He keiki uuku ko'u i aihue i na ahikoe i kinohi, a aia oia iloko o ka halepaahao no ka aihue ana i kuu kala a pau

He mea hewa anei ia'u ke lawe i ka waiwai i aihue ia mai ia ha'i mai?

Ae, ua like no ia me ka aihue ana

Ua pono anei ke huna au i ka mea aihue?

Aole, he kokua ia i ka mea nana i aihue

O ka mua keia o ko'u lohe ana i nei mau mea

Did your parents never teach you these things?

Aole i a'o kou mau makua ia oe i keia mau mea?

My parents are ignorant and never told me the right and wrong

He naaupo ko'u makua, a aole i ha'i iki mai ia'u i ka pono me ka hewa

Do they think it is right to conceal?

Ua manao anei laua he mea pono ka huna?

Such is their thought, and many Hawaiians think the same

Pela no ko laua manao, a pela no hoi ka manao o na Hawaii he nui wale

When they told you not to do a thing, did you obey?

Ina e olelo mai laua ia oe aole e hana i kahi mea ua hoolohe no anei oe?

No, native children never obey their parents, unless they choose

Aole, aohe no he hoolohe na keiki maoli i na makua ke ole e makemake

Do they not punish you then?

Aole anei he hoopa'i laua ia oe?

No, they get angry sometimes, and sometimes laugh when we refuse, and that ends it.

Aole, he huhu no laua i kahi wa, a he akaaka i kahi wa, ke hoole makou , a o ka pau no ia

That is not the end of it at all

Aole kela o ka pau loa oia mea

Tell me now, then, what is the end?

E ha'i mai ia'u ano, he-aha la ka pau loa?

This is the end, they become very bad children and citizens

Eia iho ka pau loa ana, lilo lakou i poe keiki a makaainana ino

If the parent punishes at any time, what will the child do?

Ina hoopa'i ka makua i kekahi wa, heaha ka hana a ke keiki?

If the child be punished, he runs away and forsakes the parent

Ina e hoopa'i ia ke keiki holo oia a haalele i ka makua

Where does the child go to?

i hea ke keiki e hele aku ai?

He goes to some other person's house

Hele oia i ka hale o ke kahi mea okoa

Does that person take him in?

A hookipa no kela kanaka iaia?

Always, and takes his part

I na wa a pau, a he kokua mahope ona

Ah! that is very wrong

Ka! he hewa loa kela

So you say, but tell me where is the wrong?

Pela kau olelo, aka, e hai mai ia'u i kahi o ka hewa

It helps bad children to conquer their parents

He kokua i na keiki ino e lanakila iluna o na makua

It is wrong to let children have their will in the wrong

He hewa ke ae aku i na keiki e hooko i ko lakou manao ma ka hewa

What is the reason that there are so many bad men and bad women in this world?

Heaha la ke kumu i nui ino loa ai na kane ino me na wahine ino ma keia ao?

This is it, they were not taught to obey their parents when children

Eia no ia, aole lakou i ao ia i ka wa kamalii e hoolohe i na makua

Show me how to teach them

E kuhikuhi mai ia'u i ke ano e a'o aku ai ia lakou

If they will not listen to good advice, then punish them until they will obey

Ina aole lakou e hoolohe i ke a'o maikai, alaila e hoopai ia lakou a hiki i ka wa e hoolohe ai lakou

But all the Hawaiians say that it is bad to punish little children; it makes them angry, and they cry

Aka, ke olelo nei na Hawaii a pau he mea ino ka ke hoopai ia na keiki liilii he hana hoonaukiuki a uwe lakou

But if they are punished for doing that which is wrong, they will fear

Aka, ina e hoopai ia lakou no ka hewa a lakou i hana ai, e makau ana,

and learn to do that which is right	a e a'o auanei lakou e hana i ka mea pono
It is true, you are wise and we are foolish	He oiaio ua naauao oukou a he poe hupo makou
Goodbye, my instructor	Aloha, kuu kumua'o

In the Kitchen: Iloko o ka Hale Kuke:

James, is the tea-kettle filled?	E Kimo, ua piha anei ka ipuki?
It is on the fire	Ua kau maluna o ke ahi
Is the bread mixed?	Ua kawili ia ka palaoa?
It is all mixed	Ua pau i ke kawili ia
Has the bread risen?	Ua hu anei ka palaoa?
Yes, it is in the oven	Ae, aia iloko o ka oma
The oven is too hot, it will burn	Ua wela loa ka oma, e papaa auanei
Have you ground the coffee?	Ua wili anei oe i ke kope?
Yes, the coffee is boiling	Ae, ke paila nei ke kope
Did you put the coffee in a bag?	Ua hookomo anei oe i ke kope iloko o ke eke?
Roast some more, James	Pulehu hou iho, e Kimo
It is already done	Ua pau mua i ka hanaia
What meat have you for breakfast?	Heaha kau i-a no ka paina kakahiaka?
I have beefsteak, fresh fish and a very nice fat chicken	He wahi pipi palai, he wahi i-a hou, a he moa momona maikai ka'u
Have you any condiment?	He wahi inai anei kau?
I have some good tomatoes	He mau ohia maikai ka'u
Here is some toast	Eia kahi palaoa pulehu
Here are some warm rolls	Eia hoi na popo mehana
Has the milk arrived?	Ua hiki mai anei ka waiu?
The milk-wagon is at hand	Ua hiki mai ke kaa waiu
Look at the bread in the oven	E nana i ka palaoa iloko o ka oma

Perhaps it is baked	Malia paha ua mo'a
Bring some water from the pump and pour it into the pitchei	E lawe mai i wahi wai mai ka pauma hai, a e ninini iloko o ka pika
Bring the milk strainer	Lawe mai i ke kanana waiu
Do not spill the milk	Mai hoohanini i ka waiu
Now bring the edibles	Ano e lawe mai i na mea ai
Pour out the coffee into the pot	E ninini iho i ke kope iloko o ka ipu
What have you for dinner?	Heaha kau no ka paina awakea?
I have turkey, roast pig, boiled beef, sardines and smoked salmon	He pelehu, puaa oma, pipi paila, na makale a kamano uwahi ka'u
You have forgotten the knives, forks and spoons	Ua poina oe i na pahi, na o a me na puna
Do not forget the soup	Mai poina oe i ke kupa
Bring some ice water	Lawe mai i wai hau
Have you any cabbage?	He wahi kapiki no kau?
Put it on the table	Waiho iluna o ke pakaukau
Serve the pudding	Haawi ae i ka pukini
Put the turkey on the table	E waiho i ka pelehu iluna o ke pakaukau
What have you for our supper?	Heaha kau no ko kakou paina ahiahi?
I have ham and eggs	He puaa hame me na hua ka'u
Some cake, bread, cheese and butter	He meaono, palaoa, waiu pakapaakiki, waiupaka
Have you any potatoes?	He mau uwala no kau?
Yes, sweet and Irish potatoes	Ae, he uwala maoli me uwala kahiki
Bring the small bowls and the large plates	Lawe mai i na pola liilii a me na pa nunui
Wipe the plates and bowls dry	E kawele i na pa me na pola a maloo

Have you made tea and coffee this evening?	Ua hana anei oe i ki me ke kope i keia ahiahi?
Now wash the pots and dishes in clean water	Ano e holoi i na ipuhao me na pa i ka wai mae-mae
Put up all the things and sweep the kitchen	E kau i na mea a pau iluna a e pulumi i ka hale-kuke

A Native Meal: He Paina Hawaii:

Is the poi mixed?	Ua hoowali ia ka poi?
I am mixing it now	Ke hoowali nei au ano
It is not well pounded	Aole i ku'i pono ia
The taro was water-soaked	Ua loliloli ke kalo
Bring the calabash of poi	Lawe mai i ka umeke poi
Where is the fish calabash?	Auhea ka ipukai i-a?
Have we any potatoes?	He uwala no ka kakou?
There are a few potatoes	He mau wahi uwala no
Is there any sea-weed?	Aohe a kakou wahi limu
Yes, in the meat-safe	Ae, aia iloko o ka halepa
Come ye and eat	E hele mai oukou e ai
Get some salt and roasted nuts	E kii i paakai me ka ina-mona
Bring the wash-basin	Lawe mai i ke pa holoi
We have no knives, forks or spoons	Aohe a makou pahi, o a me puna
Here is a plate of raw fish	Ea ke pa i-a mauka
Who gave us the fresh fish?	Nawai i haawi mai ka i-a hou ia kakou?
Mahoe and company	Na Mahoe ma
Have they been fishing this morning?	I ka lawaia aku nei lakou i keia kakahiaka?
Yes, and returned with a canoe full	Ae, a ua hoi mai me ka piha waa
We eat the poi with our fingers	He ai makou i ka poi me na manamana lima

Have you no table and chairs?	Aohe a oukou pakaukau me na noho?
None, we sit on a mat and eat	Aole, he noho makou i luna o ka moena a ai
We eat and talk	Ai makou me ke kamailio
When full we wash again	A maona, holoi hou makou
We also give thanks	He hoomaikai no makou
Then we go away	Alaila, hele aku makou

Bathing:	Ka Auau Ana:
Can you swim?	Ike anei oe i ka au?
Yes, I can swim like a fish	Ae, hiki ia'u ke au e like me ka i-a
We have a bath every day	He auau makou i na la a pau
It is pleasant to bathe	He mea oluolu ka auau
It is a means to be clean	He mea ia e maemae ai
It is good for the health	He mea maikai no ke ola
It is a means of much sport	He mea no ia e lealea nui ai
Are there many that can swim?	He nui anei ka poe i ike i ka au?
Almost every Hawaiian can swim	Ua aneane e pau loa na Hawaii i ka ike i ka au
We learn when we are young	He a'o makou i ka wa opiopio
Parents force little children to swim	He onoonou na makua i na keiki liilii e au
We are called a half-fish race	Ua kapaia makou he lahui hapa-i'a
We go in the water a great deal	He hele makou iloko o ka wai
Do you bathe in a retired place?	He auau anei oukou ma kahi mehameha
We do not seek retired places	Aole o makou huli i na wahi mehameha
Do the men and women bathe separate?	He auau kaawale anei na kane me na wahine?

No, the men, women, with the boys and the girls always swim together

Aole o na kane, wahine me na kamaliikane a me na kaikamahine he auau pu lakou i na wa a pau

Alas! I am ashamed of you

Auwe! ua hilahila au ia oe

True, such is the custom here

Oiaio, pela no ka hana i maamau maanei

Do your teachers consent?

He ae no anei na kumu a oukou?

No, indeed, they entirely forbid it

Aole loa, he papa mai lakou

Do any of you regard their words?

He malama anei kekahi o oukou i ka lakou olelo?

Some do and others do not

He malama no kekahi poe, a o kekahi aole

How do children regard them?

Pehea ko na keiki malama ana?

Children do not regard them at all

Aohe hoolohe iki na kamalii

Why do parents allow their boys and girls to bathe together?

Pehea la i ae ai na makua e auau pu na keikikane me na kaikamahine?

Children do not regard the forbidding of their parents as anything to be observed

Aole i manao na keiki i ka papa ana o na makua he mea ia e malama ia ai

It is now very plain why so many children go astray

Ano, ua maopopo loa ke kumu i hele hewa nui ai na keiki

Because all those who bathe in that manner have no shame

No ka mea, o kela poe a pau e auau ana pela, aohe o lakou hilahila

When I become a teacher I will lift up my voice against this practice

Aia a lilo au i kumu, e hapai ana au i kuu leo e kue i keia hana

Pertaining to Age:

How old are you?

I was ten years old last March

How old is your father now?

My father does not know his age

How do you know your age?

It was written when I was born

Was not your father's age written at that time of his birth?

Letters were not known then

Tell me how old your sister is

She is now twelve years of age

How do you know that?

She was born when Lord George came here

In what manner did your forefathers count their years?

They did not count them

The people were all very ignorant

Are they enlightened any now?

Some are enlightened and some not

I regret to hear that

Pili i na Makahiki:

Ehia ou makahiki?

He umi o'u makahiki iloko o Malaki i hala

Ehia makahiki o kou makuakane i keia wa?

Aole i ike ko'u makuakane i kona mau makahiki

A pehea oe i ike ai i kou makahiki?

Ua kakau ia i kuu wa i hanau ai

Aole anei i kakau ia na makahiki o kou makuakane i ka wa i hanau ai?

Aole i ikeia ka palapala ia manawa

E hai mai ia'u i ka nui o na makahiki o ko kaikuahine

He umikumamalua ona makahiki i keia wa

Pehea oe i ike ai i kela?

Ua hanau ia i ka wa i hele mai ai o Lo Keoki

Ma ke ano hea i helu ai na kupuna o oukou i ko lakou mau makahiki?

Aole lakou i helu

He naaupo loa na makaainana a pau

Ua naauao anei lakou i keia wa?

Ua naauao kahi poe a ua ole kahi

Ua minamina au i ka lohe i kela

Going to School:	Hele ana i ke Kula:
I am going to school	E hele ana au i ke kula
I think the school hour is past	Ke manao nei au ua hala ka hola kula
Where are my books?	Auhea la kuu mau buke
Where did you put them?	Mahea kahi au i waiho ai
I do not know	Aole ou i ike
Why do you not set apart a place for your books	Heaha ko mea hookaawale ole i wahi no ko mau buke?
You always forget where you leave them	Hoopoina mau oe i kahi au e waiho ai
Your master will punish you for tardiness	E hoopa'i ana kau kumu ia oe no ko lohi
I will not ask him to spare you	Aole au e noi ana aiia e hoopakele mai ia oe
I will also inform your father	E ha'i aku ana no hoi au i kou makuakane
John, did you see my slate?	E Ioane e, ua ike anei oe i kuu papa pohaku?
It is in the room under the table	Aia iloko o ka lumi, malalo o ke pakaukau
Where is my yellow writing paper?	Auhea la kuu pepa kakau melemele?
I saw it on the back veranda	Ua ike au ma ka lanai mahope
Perhaps the wind has blown it off	Ua puhi ia paha e ka makani
My pencil is missing	Ua nalowale kuu penikala
I cannot find it	Aole i loaa i a'u
Here, take this; be quick	E, e lawe i keia; e wiki
Susan, where is my hat?	Kukana, auhea kuu papale?
There it is, in the yard	Aia, maloko o ka pa
Now run fast, the time is past	Ano, e holo awiwi, ua hala ka manawa
The bell has done ringing	Ua pau ke kani o ka bele

At School:	Ma ke Kula:
Joseph, why are you so late?	Iokepa e, heaha kou mea i lohi ai?
I could not come any sooner	Aohe hiki i a'u ke hele mai mamua iki ae
What has been detaining you?	Heaha ke mea nana i hoo-lolohi ia oe?
I had to wait for my breakfast	I kali au i kuu paina ka-kahiaka
No, you were so long hunting your books	Aole, no ka loihi o kou imi ana i kau mau buke
Where is your excuse?	Auhea kou hoapono?
I have none	Aohe a'u
Then you will have to re-main after school	Alaila, e noho oe mahope o ka pau ana o ke kula
Have you your lesson?	Ua loaa anei kau haawina
I have learned part of it	Ua loaa ia'u kekahi
Recite what you have	E ha'i mai i kahi i loaa ia oe
You are not doing any-thing	Aole oe e hana ana i ke-kahi mea
You are sitting idle	He noho wale iho no kou
Study your lesson	E hoopaa oe i kau haa-wina
Work out your problems on the blackboard	E hana i kau mau haawi-na ma ka papa eleele
My slate has not been washed	Aole i holoi ia kuu papa pohaku
Go and wash it	E hele e holoi
I have no slate pencil	Aohe a'u peni pohaku
Where is the one I gave you?	Auhea kela a'u i haawi ai ia oe?
It is lost	Ua nalowale
If you lose this, I will punish you	Ina e nalowale keia e ho-opai ia ana oe e a'u
Raise the windows	E hapai i na puka aniani
Joseph, will you lend me your pocket knife?	Iokepa e, e haawi mai oe i kau pahi pakeke

For what purpose?	I mea aha?
To sharpen my new slate pencil	I mea hookala i kuu peni pohaku hou
It will dull my pocket-knife	E kumumu auanei kuu pahi pakeke
Here, you take this knife	Eia, e lawe oe i keia pahi
James, do not shake the desk	Kimo, mai hoolulululi oe i ka pahu waiho buke
I cannot write at all if you do that	Aohe hiki ia'u ke kakau iki ke hana oe pela
Stop, sit still	Hoopau, e noho malie
Have you learned your lesson?	Ua hoopaa anei oe i kau haawina?
Yes, I think so	Ae, pela ko'u manao
Do you know it well by heart?	Ua paanaau pono anei ia oe?
I have studied it for over an hour	Ua hoopaa iho nei au no hookahi hola a oi
Speak louder, I cannot hear	E olelo nui ae, aohe o'u lohe
Boys, you are making too much noise	E na keikikane, he hana kuli loa oukou
Girls, all of you stand in a row	E na kaikamahine, o oukou a pau, e ku lalani
Where is the place to begin?	Auhea kahi e hoomaka ai
There, at the tenth lesson	Aia i ka umi o ka haawina
Teacher, I do not know what this word is	E ke kumu aohe au i ike i ke ano o keia huaolelo
William, you tell him the meaning	E Wiliama, nau e ha'i aku iaia i ke ano
Take your writing book away	E lawe oe i kau puke kakau ma kahi e
Here are some pens for you	Eia he mau peni nau
I have no ink	Aohe a'u inika
This ink is too thick	Ua maku loa keia inika
Mix some water with it	E awili iho i wai

My pen is not good

Here is a fine steel pen

Your hand is too heavy

Write lightly with your hand

Show me how to hold the pen

Thus, hold it at the end of your fingers

Let the short fingers rest on the paper

Have you your arithmetic lesson?

I have worked it out on my slate

Let me see it, Henry

You have not multiplied correctly

That was not added properly

Your division is entirely wrong

You did not get the answer

Now you have done it right

George, what does geography teach?

It teaches about the countries and the people of the earth

Robert, what does astronomy teach?

It teaches about the sun, moon and stars

What does geometry teach?

It teaches the measure-

Aohe maikai o ka'u peni

Eia he maka kila nani

Ua kaumaha loa kou lima

E kakau mama me kou lima

Kuhikuhi mai ia'u i ka paa ana o ka peni

Penei, e paa ma ka welau o na manamana lima

E koo na manamana lima pokole ma ka pepa

Ua loaa anei ia oe kau haawina helu?

Ua hana ia e a'u ma ka papa pohaku

Hoike mai ia'u e Hanale

Aole oe i hoonui poloiei

Aohe i houluulu pono ia kela

Ua hewa loa no kau puunaue ana

Aole i loaa ia oe ka hai loaa

Ano, ua hana oe me ka pololei

Keoki, heaha ka ka hoike honua e a'o mai nei?

Ke a'o mai nei o na aina ame na kanaka o ka honua

Lobaka, heaha ka ke kilohoku e a'o mai nei?

Ke a'o nei no ka la, ka mahina me na hoku

Heaha ka ke anahonua e a'o mai nei?

Ke a'o mai nei i ke ana o

ment of heights and distances	na wahi kiekie a me na mea mamao
What does the Word of God teach?	Heaha ka ka Olelo a ke Akua e a'o mai nei?
It teaches how to be good and happy	Ke ao mai nei i ka mea e pono ai a e hauoli ai
Is there anything else as great as this?	Aohe mea e ae e pakele ana i keia?
This is the great thing before all	Eia ka mea nui imua o na mea a pau
What is the use of learning?	Heaha ka pono o ke a'o ana?
Its use is to know the truth	Ka pono, i ike ia ka oiaio
Are not ignorant men happy?	Aole anei he hauoli na kanaka naaupo?
They are not as happy as the learned	Aole o lakou hauoli e like me ka poe naauao
The ignorance of our forefathers was the cause of their misery	O ka naaupo o na kupuna o makou ke kumu o ko lakou poino
They knew not the right and the wrong	Aole lakou i ike i ka aoao pono me ka hewa
Therefore, they did the wrong	Nolaila, ua hana lakou i ka hewa
But you are taught now, still many do evil	Aka, ua a'o ia oukou ano, nui nae ka poe hana hewa
Now they know the right way, but their hearts choose the wrong	Ano hoi, ke ike nei lakou i ka pono a ke koho nei na puuwai a ke ino
How may you profit by learning?	Pehea la oukou e pomaikai ai i ke a'o ana?
By doing what is just	Ma ka hana pono ana

Duties of a chambermaid:	**Na Hana a ka Wahine Malama Lumi Moe:**
Come and arrange the bedroom	E hele mai a e hooponopono i ka lumi moe

Open the windows

Throw open the blinds to let the air in

Take off the bed clothes

Overturn the mattress

Put the pillows in the window

Hang the clothes on a chair

Spread the bed

Lay the clothes straight

Sweep the floor clean

Do not leave rubbish on the carpet

Sweep under the furniture and bed

Where is the towel to dust the tables?

Bring the dust-brush and dust-pan

Carry out everything in this room

Hang the clothes in the wardrobe

Wipe the mirror with a damp cloth

Take out the wash-bowl and pitcher

Cleanse and bring them back

Wash the windows

Fill the washpitcher with water

Clean the hair-brushes and the combs

Get hot water and soap

Wipe with a dry cloth

Wehe i na puka aniani

Wehe i na olepelepe i komo mai ka makani

Lawe ae i na kihei moe

Hoohuli i ka pela

Waiho i na uluna ma ka puka aniani

E kau i na kapa ma ka noho

Halii i ka moe

E kau pololei i na kihei

Pulumi i ka papa hele a maemae

Mai waiho i ka opala ma ka moena

Pulumi malalo o ka lako hale a me ka moe

Auhea ke kawele e kuehu ai i ka lepo o na pakaukau

Lawe mai i ka pulumi-hulu me ke pakini-lepo

Lawe i na mea a pau iloko o keia lumi mawaho

E kau na lole maloko o ka ume kau lole

E holoi i ke aniani nana me ka welu ma-u

Lawe i ke pa holoi me ka pika i waho

Holoi a maemae a e hoihoi mai

Holoi i na puka aniani

E hoopiha i ka pika-holoi me ka wai

Hoomaemae i na palaki lauoho a me na kahi

Kii i wai wela me ke kopa

Kawele me ka welu maloo

Take care do not break the bureau	E malama, o naha ka pahu ume
Wash the varnish with a sponge	Holoi i ka waniki me ka upi
Be very careful lest the water trickle down in the clothes; lest it trickle on the hats	E akahele loa o kulu ka wai iluna o na lole; o kulu maluna o na papale
Wash the mats	Holoi i na moena
Use the big brush with a little water	E hana me ka palaki nui me ka wai uuku
Wipe dry with a clean cloth	E hoomaloo me ka welu maemae
Leave open the doors to dry them	Waiho hamama i na puka i maloo lakou
Don't let in the children till the mats are dry	Mai ae aku e komo mai na keiki a maloo ka moena
Draw the mosquito nets for the night	E huki mai i na paku makika no ka po
Also, shut the window blinds	E pani pu mai i na puka olepelepe
Close, half down, all the windows	E pani, hapa, i lalo, i na puka aniani a pau
Bring a lamp	Lawe mai i ipukukui
You may go home	Hiki ia oe ke hoi

At Breakfast:	I ka Paina Kakahiaka:
Is the breakfast almost ready?	Aneane anei e makaukau ka paina kakahiaka?
Yes, it is ready	Ae, ua makaukau
Ring the bell, Annie	Ane, e hookoni i ka bele
Please be seated	E oluolu e noho iho
Do you drink tea or coffee?	He inu ki paha oe, a i ole kope
I drink tea	He inu ki au
A little chocolate for me	I wahi ki koko no'u
Will you have some coffee	I wahi kope nou?
Is your coffee sweetened enough?	Ua ono kupono anei kou kope?

Here are rolls	Eia na popo palaoa
Try the toasted bread	Hoao i ka palaoa pulehu
Sarah, bring the beefsteak	Kela, lawe mai ka pipi palai
The tea is not strong, take another cup	Aohe ikaika o ke ki, e lawe i pola hou
Here are some fresh eggs	Eia na wahi hua hou
Allow me to hand you one	E ae mai ia'u e haawi aku i hookahi nau
I will drink another cup of tea	E inu no au i kekahi pola ki hou
I like it strong without milk	Ono au i keki ikaika, me ka waiu ole
Here is some nice boiled ham	Eia he puaa hame maikai i paila ia
Will you have a sausage?	I naaukake nau?
I will ask you for a few pancakes	Ke noi nei au ia oe i mau wahi palaoa palai
No, nothing more, if you please	Aole, aohe mea hou ke oluolu oe
I have had an excellent breakfast	Ua loaa ia'u he paina ka-kahiaka maikai
Your food is very nice	He maikai loa kau mea ai

Dinner: Paina Awakea:

At what hour do you dine	I ka hola ehia oe e ai ai?
Between one and two o'clock	Mawaena o ka hola ekahi me elua
Will you come and dine with us	E hele mai ana oe e ai pu me makou?
Your invitation is ac-cepted	Ke ae aku nei i kau kono ana
The table-cloth is laid	Ua hoomoeia ka pale
The edibles are placed on the table	Ua kau ia na mea ai ma ka papaaina
Let us sit down at the table	E noho kakou ma ke pa-kaukau
What have you ordered for dinner?	Heaha kau i kauoha ai no ka paina awakea?

Shall we have any fresh salmon?

I wahi kamano hou keka- hi a kakou?

There is no fresh salmon in the market

Aohe kamano hou ma ka makeke

Well, let us eat what is before us

E ai hoi ha kakou i na mea imua o kakou

What shall I offer you, Agnes?

Heaha ka'u e haawi aku ai ia oe e Akaneki?

Will you have some turtle soup?

Ua makemake anei oe i wahi kupa honu?

Yes, thank you

Ae, me ka mahalo

I will take some fish

I wahi i-a na'u

I will ask you for a little boiled beef

Ua makemake anei oe i wahi pipi paila

It looks very nice

He maikai ka nanaina

Here is the salt

Eia ka paakai

This fowl is delicious

He ono maoli keia moa

Will you have a wing?

I wahi eheu nau?

Shall I give you some vegetables?

E haawi au nau i na mea i hooulu ia?

A potato, if you please, with some cabbage and squash

I wahi uala, ke oluolu oe, me kahi kapiki a me ke ipu

Will you try some roast beef?

E hoao paha oe i wahi pipi oma

Will you have some gravy

I wahi kai paha nau

I like it well done

Makemake au i ka mo'a loa

It is splendid

He maikai maoli keia

Bring the dessert

Lawe mai i na meaono

This pie is toothsome

Ono maoli keia pai

These fruits are sour

Awaawa keia mau hua

Will you drink a glass of lemonade or a little porter?

E inu paha oe i wahi ki- aha lemi, a i ole i wahi poka paha

No I do not wish any

Aole, aohe o'u makemake

Give me some corn

Haawi mai i wahi kulina

I will try a small piece of that cold mutton

E hoa'o ana au i apana uuku o kela hipa maalili

Where is the bread, butter and cheese?	Mahea ka palaoa, waiupaka me waiupaka paakiki
I forgot to bring them	Ua poina au e lawe mai
Samuel, tell the steward to fill the large pitcher with ice water	Kamuela, olelo aku i ke kuene e hoopiha i ka pika nui me ka wai hau
I will smoke a cigar	E puhi ana au i ke kika

Market Prices:	**Na Kumukuai Makeke**
How many mullets for a quarter?	Ehia amaama no ka hapaha?
One large and two small ones	Hookahi mea nui a elua mea liilii
What is the price of an awa	Heaha ke kumukuai no ke awa?
One for twenty cents	Hookahi no iwakalua keneka
What is the price for those opelus?	Heaha ke kumukuai no kela mau opelu?
Two for a quarter	Elua no ka hapaha
How do you sell flying fish?	Pehea ke kuai ana o ka malolo?
Three for fifty cents	Ekolu no ka hapalua
What for salmon?	Heaha ko ke kamano?
Two dollars for a large one	Elua kala no ka mea nui
What are the salmon per barrel?	Heahako ko ka palela kamano?
Ten dollars for a barrel	He umi kala no ka palela
What for the large bunch of bananas	Heaha ko kela ahui maia nui?
Fifty cents	Kanalima keneka
What for a watermelon?	Heaha ko ka ipuhaole?
Thirty cents for a large one	Kanakolu keneka no ka mea nui
How are these two muskmelons?	Pehea keia mau ipuala elua?

Forty cents

Kanaha keneka

What is the price for a bunch of onions?

Heaha ke kumukuai no ka huihui akaakai?

A quarter

He hapaha

What for those small cabbages?

Heaha ko kela mau kapiki liilii?

Forty cents

Kanaha keneka

How much for the taro?

Heaha ko ke kalo?

Twenty cents

Iwakalua keneka

How much for a dozen hen eggs?

Heaha ko ke kakini hua moa?

Fifty cents

Kanalima keneka

What is the price for a turtle?

Heaha ke kumukuai no ka honu?

One dollar and a half

Hookahi kala me hapalua

And what for a hen?

A heaha ko ka moa wahine?

Ninety cents

Kanaiwa keneka

How much for that bag of sweet potatoes?

Heaha ko kela eke uwala maoli?

Two dollars

Elua kala

What is the price of the hog?

Heaha ke kumukuai no ka puaa?

Ten dollars

Umi kala

What for the large hog?

Heaha ko ka puaa nui?

Twenty dollars

Iwakalua kala

How are goats sold?

Pehea ke kuai ana o na kao?

One dollar

Hookahi kala

What is the price of a sheep?

Heaha ke kumukuai no ka hipa?

Some for four dollars and some for five dollars

Eha kala kekahi a elima kala kekahi

What is beef per pound?

Heaha ko ka paona pipi?

Thirty cents

Kanakolu keneka

What is the price of sausages?

Heaha ke kumukuai o na naaukake?

Six links for a quarter

Eono pauku no ka hapaha

What is mutton per pound?	Heaha ko ka paona i'o hipa?
Twenty-seven cents	Iwakalua-kumamahiku keneka

At a Book store:

Ma ka Halekuai Puke:

Have you any paper?	He pepa anei kau?
What kind of paper do you want?	Ke ano pepa hea kau makemake?
Ruled letter paper	Pepa leka i rula ia
Here is some white	Eia ke ke'oke'o
I wish to buy some blue paper	Makemake au e kuai i pepa po-lu
How much do you want?	Ehia kou makemake?
Is this ink good?	He maikai anei keia inika
I wish three dozen large bottles	Makemake au i ekolu kakini omole nui
Here are pens and pencils	Eia na peni me na penikala
Let me have a dozen of each	E hoomai na'u i kakini pakahi
These are steel pens	He mau maka-kila keia
I want to purchase a gold pencil	Makemake au e kuai i penikala kula
The price is too much	He nui loa ke kumukuai
Where can I procure a slate?	Mahea e loaa ai i a'u ka papapohaku?
I have slates	He papapohaku no ka'u
Have you any primers?	He kumumua no anei kau
I have plenty and cheap	He nui ia'u a he makepono
I desire to get a reading book	Makemake au e loaa kahi puke heluhelu
What do you ask for it?	Heaha kau kumukuai
Can you not reduce the price?	Aohe hiki ia oe ke hoemi iho i ke kumukuai
Here is a new one, with	Eia ka mea hou, me na

English and Hawaiian words	huaolelo haole a me ka Hawaii
It teaches English to Hawaiians	He a'o i ka olelo haole i na Hawaii
I will take this book	E lawe au i keia puke

Post-Office:	**Hale-leka:**
When does the Claudine leave for Maui?	Ahea haalele o Kalaukina no Maui?
Tomorrow at four o'clock	Apopo, i ka hola eha
I wish to send a letter	Makemake au e hoouna leka
What is the postage?	Heaha ka uku leka?
Two-cent stamp for island letters	Pooleka elua keneka no na leka mokupuni
Carry this letter to the post-office	E lawe i keia leka i ka hale-leka
Ask for letters and papers for me	E ninau no na leka me na pepa na'u
Buy some stamps	E kuai i mau pooleka
Make haste and return	E awiwi oe a hoi mai
Any letters for me?	He mau leka anei ka'u?
No, only a few papers	Aole, he mau pepa wale no
Has the mail arrived from San Francisco?	Ua hiki mai anei ke eke leka mai Kapalakiko mai?
It came this morning by the Maui	Ua hiki mai i kakahiaka nei ma ka Maui
Where is the post-office?	Aia mahea ka hale-leka?
Show me the way	Kuhikuhi mai i a'u i ke ala
Is there a letter for me?	He leka anei ka'u?
What is your name?	Owai kou inoa?
Where is your letter for?	No kahi hea kau leka?
For Washington	No Wasinekona
It needs a 2-cent stamp	Kau i pooleka elua keneka

Sailing of Vessels:

Holo ana o na Moku:

When does this vessel sail for Hawaii?

Ahea holo keia moku i Hawaii?

On Monday, four o'clock

I ka Poakahi, hola eha

Take my baggage to the steamer

Lawe i kuu ukana i ka mokuahi

The vessel will not leave today

Aole e holo ana ka moku i keia la

What is the cause of postponement?

Heaha ke kumu o ka hoopaneeia ana?

She leaks, and must be repaired

Ua liu oia, a e kapili hou ia ana

The steamer Lurline sails this afternoon for San Francisco

E holo ana ka mokuahi Lurline i keia auina la no Kapalakiko

When will the Waialeale depart for Hanalei?

Ahea holo ka Waialeale no Hanalei?

The steamer Waialeale will leave for Hanalei next Tuesday afternoon at five o'clock

E holo ana ka mokuahi Waialeale no Hanalei i keia auina la Poalua ae i ka hola elima

When did the Alameda sail for Sydney?

I ka wa hea ka holo ana o ka Alameka no Kikane?

She sailed last week for Sydney

I kela pule aku nei kona holo ana no Kikane

Does the steamer Mauna Loa leave for Lahaina today?

E holo ana ka mokuahi Mauna Loa no Lahaina i keia la?

No, tomorrow morning at ten o'clock

Aole, kakahiaka o ka la apopo i ka hora umi

When will the steamer Kinau sail for Hilo?

Ahea holo ka mokuahi Kinau no Hilo?

Today, at one o'clock

I keia la, i ka hola ekahi

She will soon blow the last whistle

He hookani mai koe i kona oeoe hope loa

Dry Goods Store:	**Halekuai Lole:**
How much are the pink prints?	Pehea ke kuai ana o ka ulalii?
What is the price of the turkey-red?	Pehea ke kuai ana o ka ula-mau?
Half a dollar per yard	Hapalua ko ka ia
How do you sell the ginghams?	Pehea ke kuai ana o ke kinamu?
Ten yards for two dollars and a half	He umi ia no na kala elua me hapalua
What is the price of white cotton?	Heaha ke kumukuai o ke keokeo?
Eight yards for a dollar	Ewalu ia no ke kala
How is the drilling?	Pehea la ka nao?
Five yards for a dollar	Elima ia no ke kala
What is the price for the linen drilling?	Pehea la ke kuai ana o ke kuila?
Four yards for a dollar	Eha i no ke kala
What is the price of the denims?	Pehea ke kuai ana o ka ahina?
Two yards for a dollar and a half	Elua ia no hookahi kala me hapalua
How much for a dress?	Heaha ko ka holoku?
Three dollars	Ekolu kala
What for the white shirt?	Heaha ko na palule keokeo?
What for the white shirts with linen fronts?	Heaha ko na palule keokeo me na alo lilina?
Twenty-four dollars per dozen	Iwakaluakumamaha kala no ke kakini

At the Grocer's:	**Kahi o na Mea Ai:**
What is the price of a bag of flour?	Heaha ke kumukuai o ke eke palaoa aeae?
Three dollars	Ekolu kala
How much a pound for soda crackers?	Heaha ko ka paona palena huina-ha?

Ten cents a pound	Umi keneka o ka paona
How much for a ham?	Heaha ko ka puaa hame
Four dollars and a half	Eha kala me hapalua
What for a bag of sugar?	Heaha ko ke eke ko-paa
Four dollars	Eha kala
What for a pound of tea?	Heaha ko ka paona ki?
Fifty cents	Kanalima keneka?
What for a pound of coffee?	Heaha ko ka paona kope?
Forty cents	Kanaha keneka
How much for a pound of butter?	Heaha ko ka paona waiu-paka?
Sixty cents	Kanaono keneka
What for a bag of rice?	Heaha ko ke eke laiki?
Nine dollars	Eiwa kala
How many pounds are in that bag?	Ehia paona iloko o kela eke?
One hundred pounds	Hookahi haneri paona
I will take two bags	E lawe au i elua eke
How much for a pound of sweet potatoes?	Heaha ko ka paona uwala maoli?
Two cents and a half	Elua keneka me ka hapa
How much for a bag of Irish potatoes?	Heaha ko ke eke uwala kahiki?
Four dollars	Eha kala
What for a bag of corn?	Heaha ko ke eke kulina?
Two dollars	Elua kala
How much for raisins?	Heaha ko ka waina maloo
Five cents a pound	Elima keneka o ka paona
Anything else today?	Aohe mea e ae i keia la?

Miscellaneous: | ## Kela me Keia:

We have many things for sale	He nui na mea kuai a makou
Have you any saddles and bridles?	He noho lio a he kaula-waha anei kou?
Any horse ropes, stirrups, or stirrup leathers?	He kaula lio, keehi, a i ole kaula keehi anei kou?

Any saddle-cloths, girths, or whips?

He pale-lio, kaula opu, a i ole, he huipa anei kou?

How much for those spurs

Heaha ko kela mau kepa?

Two dollars a pair

Elua kala ko ka paa

That is very high

He pii loa kela

No, it is reasonable

Aole, he makepono no

What will you take for that horse-hair rope?

Heaha kau e lawe no kela kaula-hulu lio?

Fifteen dollars

Umikumamalima kala

How much for the shoes?

Heaha ko ke kamaa

Three dollars a pair

Ekolu kala ko ka paa

Have you iron pots and tea kettles and frying pans?

Aohe ipuhao, me na ipu-paila wai me na papalai

Any boards to sell?

Aohe papa kuai?

How much by the foot?

Heaha ko ke kapuai?

Two cents for some and twelve cents for the other kind

He elua keneka ko kekahi a he umikumamalua ke-neka no kekahi ano

How much for that lot of razors, scissors, knives, horshoes and yokes?

Heaha ko kela puu pahi umiumi, upa, pahi, ka-maa lio me na lei-pipi?

Two hundred dollars

Elua haneli kala

For a Stranger Nearing the Port:

No ka Malihini e Hooko-koke mai ana i ke Awa:

Halloa! you man in the canoe, come on board

Halo! e ke kanaka o ka waa, mai iluna nei

What do you want with me?

Heaha kou makemake i a'u?

Tell me where to let go the anchor

E ha'i mai i a'u i kahi e hookuu ai ka heleuma

There is the pilot just coming out, he will tell you, or take you into the harbor

Ke hoopuka mai la ke pai-laka, nana no e ha'i ia oe, a i ole, e hookomo ia iloko o ke awa

How many pilots are there?

Ehia ka nui o na pailaka?

There are only three	Ekolu wale no
Where is your ship from?	Mai hea mai kou moku?
From England	Mai Enelani mai
From the United States	Mai Amelika Huipuia mai
From Victoria	Mai Wikolia mai
From Sydney	Mai Kikane mai
From Japan	Mai Iapana mai
From China	Mai Kina mai
How many days were you on the passage?	Ehia la o ka holo ana mai?
Have you the black plague on board?	Eia anei ka ma'i eleele ahulau maluna?
No, I am happy to say	Aole, olioli au i ka olelo a'e
Where can I procure a copy of the harbor laws?	Ihea e loaa ai ia'u he kope o na kanawai o ke awa?
The pilot will give you a copy, and which you should read to your men, that they may not be fined, or put into prison	E haawi aku no ke pailaka i kekahi kope kanawai ia oe, a nau no e heluhelu i kou poe kakanaka, i ole lakou e hoopaiia, a i ole, komo i ka halepaahao
Wait a while, and we will both go ashore	E kali iki, a hele pu aku kaua i uka
Halloa, boat-boy! will you take us ashore?	Halo keiki-waapa! e lawe no ia maua i uka?
Yes, I will take both of you to shore	Ae, e lawe no au ia olua i uka
What is the charge?	Heaha ka uku?
Fifty cents	Kanalima keneka
Where is the office of the English consul?	Auhea ke keena o ke kanikela Pelekane
Telephone for a hack	Kelepona aku i kaa
Convey this parcel to the Hawaiian hotel	Lawe i keia puolo i ka hokele Hawaii
How much do you want?	Heaha kou makemake?
A quarter	I hapaha

Guide me to a liquor saloon	Alaka'i i a'u a hiki i ka hale inu lama
I wish you to get me a horse to ride	Makemake au e kii oe i lio no'u e kau ai
How much is the charge?	Pehea ka nui o ka uku?
Take these dirty clothes to the laundry	Lawe i keia mau lole lepo i ka hale holoi
Where is a good barber shop?	Auhea ka hale kahiumiumi maika'i?
Find me some provisions to send on board ship	E imi i mau mea ai na'u e hoouna aku ai i ka moku
What provisions do you wish?	Heaha na mea ai au e makemake ai?
I want some meat cattle, pigs, chickens, sheep, potatoes, corn, cabbage, taro, squashes, onions, oranges, watermelons, muskmelons, tomatoes, milk, tea, coffee, sugar, biscuits and molasses	Makemake au i mau pipi, mau puaa, moa, hipa, uala, kulina, kapiki, kalo, pu, akaakai, alani, ipuhaole, ipuala, ohi'a, waiu, ki, kope, ko-paa, palena, me ka malakeke
Let go the stern line	Hookuu i ke kaula o hope

To Hire a Room, or a House: — Ka Hoolimalima ana i Lumi, a Hale Paha

Show me to a place where I can hire a room, or a house	E kuhikuhi i a'u i kahi e hoolimalima ai i lumi, a i hale paha
What is the hire by the day, by the week, by the month, by the year?	Heaha ka uku no ka la, ka pule, ka malama, ka makahiki?
The price is too much for this small room	He nui loa ka uku no keia wahi lumi uuku
I want a house with two rooms	Makemake au i hale me na lumi elua
Is there a kitchen and stable attached?	He halekuke me ka halelio e pili pu ana?

Can I get an excellent cook?	E loaa anei i a'u he kuke maika'i?
Find a steward also, and a female servant to take care of the house	E imi aku i kuene kekahi a me ke kauwa wahine, i mea malama hale
A messenger boy	I keiki hoounauna
Get a table and chairs, a sofa and bedstead with mattress, bed clothes and pillows, and mosquito curtains	Kii i pakaukau me na noho i punee me ka hikiee moe me ka pela moe, na uluna me na kapa halii a me na paku makika
I am going out; take care of the house, be watchful that no one steals anything, and stay in until I return	E hele aku ana au; e malama oe i ka hale, e makaala, i aihue ole kekahi i kahi mea, a e noho iloko a ho'i mai au
Wash yourself and put on clean clothes	Holoi ia oe iho, a e komo i lole ma'ema'e
Get foot mats and lay them at the doors	Kii i moena - wawae a e waiho ma na puka
Go to bed	Hele e moe

Going to Church:

Hele ana i ka Pule:

I am going to church	E hele ana au i ka pule
The first bell has rung	Ua kani ka pele mua
The second bell is ringing	Ke kani mai la ka bele elua
Are you ready?	Ua makaukau anei oe?
Where is my horse?	Auhea la kuu lio?
Is the carriage outside?	Aia anei iwaho ke kaa?
Are you going to the Central Union church?	E hele ana oe i ka hale-pule o Kauikeano?
Yes, I am a member	Ae, he lala au
Then we will both go	Alaila e hele pu kaua
Can you hear the preacher distinctly?	He lohe no oe i ke kahuna-pule me ka moakaka
Do you join in the prayers?	He hui no oe iloko o na pule?

Do you listen well to the sermon while the minister preaches?

He lohe pono anei oe i ka olelo i ka wa e olelo ai ke kahunapule?

Remember the word of the text, for it is the word of God

E hoomanao oe i ke kumumanao no ka mea, oia ka olelo a ke Akua

Benjamin, will you look out for the house till I return?

Peniamina, e noho oe e malama i ka hale a hoi hou mai au, ea?

It is evening, you may carry a lamp before us

Ua ahiahi, e paa oe i kukui imua o makou

Now sit here and listen, and when I call you, be ready

A no, e noho oe maanei a e hoolohe, a kahea aku au, e makaukau oe

Get the carriage to take this lady home

Kii i ke kaa e ho'iho'i aku ai i keia wahine i ka hale

Going on Board:

Ka Ee ana i ka Moku:

Where are you bound with your baggage?

E hele ana oe ihea me kou ukana?

I am going on board of the steamer Mokolii

E ee aku ana au maluna o ka mokuahi Mokolii

Are you off for the island of Molokai?

E hele ana oe i ka mokupuni o Molokai?

No, the island of Lanai

Aole, ka mokupuni o Lanai

How long will you stay there?

Pehea ka loihi e noho ai oe malaila?

Seven months

Ehiku mahina

Is this your first visit to Lanai?

O kou makaikai mua ana keia ia Lanai?

Yes, I have never been there before

Ae, aole au i hele ilaila mamua

Are you acquainted with anybody there?

Ua launa no oe me kekahi mea malaila?

Several of my friends are residing on that island

He nui ko'u mau hoa'loha e noho ala ma kela mokupuni

Will you do any bird-shooting there?	E hele ana no oe i ke ki manu ilaila?
Most assuredly; I am taking my gun with me	Ae no hoi paha; ke lawe nei au i kuu pu me a'u
If you kill some birds, do not forget me	Ina e make ia oe kekahi mau manu mai poina ia'u
I shall remember you	E hoomanao no au ia oe
Put these things in my state-room	E waiho i keia mau mea iloko o kuu lumi moe
I think you will have lots of fun	Ke manao nei au e nui ana kou le'ale'a
Do not forget to visit the famous spouting-cave of Kaala	Mai poina oe i ka makaikai i ka lua-puhi kaulana o Kaala
Certainly not	Aole no hoi paha

Going to Ride: Hele ana i ka Holo Lio:

Get my horse and saddle him	Kii i kuu lio a e kau i ka noho
Which of the three horses shall I get?	Owai o na lio ekolu ka'u e kii?
Get my white horse	Kii i kuu lio ke'oke'o
Bring my bay horse and put a Spanish saddle on him	Lawe mai i kuu lio ulaula a e kau i ka noho Paniolo maluna ona
Lead the horse here	Alakai mai i ka lio ianei
Hold him until I mount	E paa iaia a kau ae au
Put a halter on the other horse and follow me	Punuku i kela lio a hahai mai ia'u
Hold this horse while I go into the house	Paa i keia lio i komo aku au iloko o ka hale
There is nobody in the house, they have all gone	Aohe po'e o ka hale, ua pau loa lakou i ka hele
Isaac, return to the stable and fetch my whip	Aikake, hoi oe i ka hale-lio a lawe mai i kuu huipa

You can take that horse back if Charlotte does not come	Hiki no ia oe ke hoihoi i kela lio, ina e hele ole mai o Halaki
Meet me on top of the hill	E halawai me a'u maluna o ka puu
I have ridden enough this morning	Ua lawa au i ka holo lio i keia kakahiaka

Going on a Journey:	**Hele ana i Kahi e:**
I am on a circuit of the Island of Oahu	E hele kaapuni ana au i ka mokupuni o Oahu
I shall need a wagon for myself, one for my baggage, and one for my man	Ua makemake au i kaa no'u, kekahi no kuu ukana, a o kekahi no kuu kanaka
I want to hire a good guide	Makemake au e hoolima-lima i alakai maikai
How much shall I pay him?	Heaha ka'u e uku aku ai iaia?
One dollar and a half per day	Hookahi kala me hapalua no ka la
How many miles is it to Waianae?	Ehia mile mai nei a hiki i Waianae?
Thirty miles	Kanakolu mile
At what hour shall we get to Waialua?	I ka hola ehia la e hiki ai maua i Waialua?
About ten o'clock tonight	Hola umi paha o keia po
Can we sleep here until morning?	Hiki no anei ia maua ke moe maanei a kakahiaka?
Bring us some fresh poi and dried fish	Lawe mai na maua i poi hou me kahi i-a maloo
Have you got any grass for the horses?	He mau-u no kau no na lio?
I desire to go away very early in the morning while it is cool	Ua makemake au e hele i kakahiaka nui loa, i ka wa ma-u

How much shall I pay you?	Heaha ka'u e uku ai ia oe?
Bring us some clean water	Lawe mai no maua i wahi wai maemae
How many living children have you?	Ehia au mau keiki e ola nei?
How many have died?	Ehia i make?
Who is your landlord?	Owai kou konohiki?
How many people live in this house?	Ehia poe e noho nei iloko o keia hale?
Do your children go to school?	He hele no kau mau keiki i ke kula?
Have you any cattle, sheep, or goats?	He mau pipi anei kau, hipa, a kao paha?
By what work do you get a living?	Ma ka oihana hea e loaa nei kahi ola ia oe?
Where do you get your drinking water?	Mahea e loaa nei kou wai inu?
What do you do to gain money?	Heaha kau hana e loaa mai ai ke kala?
I raise hogs	He hanai puaa au
Whose chickens are those?	Nawai kela mau moa?
They belong to that man	Na kela kanaka
How many miles is it to Kahuku?	Ehia mile mai nei a hiki i Kahuku?
Twenty miles	Iwakalua mile
Is the road straight?	He pololei anei ke ala?
Are there any ravines ahead?	He mau awawa anei ko mua?
Are there bridges over the water?	He mau uwapo anei maluna o ka wai?
Cover our provisions with that canvas	E uhi i ka kaua mau mea ai me kela kapolena
We are off, good-bye	Ke hele nei maua, aloha

A Stranger Entertained:	**He Malihini i Hookipa ia:**
Who is that knocking?	Owai kela e kikeke nei?
Go and see	Hele aku e nana

Open the door

It is a stranger; come in

Good evening; sit down

You are active; did you come on foot?

Yes, I came all the way on foot

What place are you from?

I came from the mountain

Have you been long there?

I went there last Saturday

What did you do there?

I cut timber for a house

I also felled a tree for a canoe

If you are hungry, come and eat

My feet are sore from walking

Why did you not mount a horse?

There is no path for a horse where I went

This morning's rain made the road slippery

What did you eat in the mountain?

I had yams and fish for two days, and then I ate fern roots

Here are some I have left

Let the children take and eat them

You speak of a canoe, are you a fisherman?

I fish at times, and I also plant

E wehe i ka puka

He malihini; e komo mai

Aloha oe; e noho iho

Eleu maoli oe; ua hele wawae mai anei oe?

Ae, ua hele wawae wale ia no e a'u

Mai kahi hea mai oe?

Mai ke kuahiwi mai au

Ua loihi no oe malaila?

Ua hele au ilaila i kela Poaono aku nei i hala

Heaha kau 'hana ilaila?

Oki au i laau hale

Hoohina no hoi au i kekahi kumulaau i mea waa

Ina he pololi kou, hele mai e ai

Ua eha na wawae o'u i ka hele ana

Heaha hoi kou mea kau ole maluna o ka lio?

Aohe ala no ka lio ma kahi a'u i hele ai

Pakikakika ke ala i ka ua o keia kakahiaka

Heaha kau i ai ai ma ke kuahiwi?

He ape me ka i-a ka'u no elua la, a mahope ai au i ka hapuu

Eia kahi mea i koe i a'u

Ae aku i na kamalii e lawe ia mea a e ai iho

Ke olelo nei oe i ka waa, he lawai-a anei oe?

He lawai-a no i kahi manawa a he kanu no au

What is your method of fishing?	Pehea ke ano o kau lawai-a ana?
I fish with a seine	He lawai-a au me ka upena
Have you fish to sell?	He i-a kuai anei kau?
I have a few only	He mau wahi i-a no ka'u
What kind of fish have you?	Heaha ke ano o kau i-a?
I have dried bonito and dried flying-fish	He aku maloo a he malolo ka'u
I like the mullet better	Ua ono nui au i ka anae
I can bring you some mullet	Hiki no i a'u ke lawe mai i mau anae nau
Very well, I will purchase that kind	Pono loa hoi ha, e kuai aku no au i kela ano
I have eaten enough, and am going	Ua lawa au ma ka ai ana, a e hele aku ana
Do not go, sleep here to-night	Mai hele oe, e moe ianei i keia po
You are sore, and in the morning take my horse	Ua eha oe, a i kakahiaka lawe i kuu lio
All right then, I accept your kindness	Pono loa, a ke ae aku nei au i kou lokomaikai
Where shall I sleep?	Mahea au e moe ai?
In one of the bed-rooms	Iloko o kekahi lumi-moe
When our prayer is finished, then I will show you	Aia a pau ka pule a kakou, alaila au kuhikuhi aku ia oe
Here is your room, and I think you will have a good sleep	Eia kou lumi, a ke manao nei au e loaa ana ia oe he moe maikai

Of Husbandry: | ## No ka Mahiai:

We are cultivating food	Ke mahiai nei makou
Food will not grow of itself	Aole e ulu wale ka ai
Weeds grow without any cultivation	He ulu ka nahelehele me ka mahi ole ia

Food will not grow in the weeds	Aole ulu ka ai maloko o ka nahelehele
Work only will raise the food	Na ka hana wale no e hoo-ulu ka ai
What is the work to grow food?	Heaha ka hana e ulu ai ka ia?
Here, in Hawaii, we first clear out the large weeds	Ma Hawaii nei, he waele-mua makou i na nahele-hele nunui
Then we clean the ground with the o-o	Alaila hoomaemae makou i ka lepo me ka o-o
Sometimes we burn the grass and all the rubbish	I kahi manawa puhi no makou i ka mau-u a me ka opala a pau
The ground must be moist	E ma-u ka lepo e pono ai
Rain is the best thing to moisten	O ka ua ka mea pono loa e ma-u ai
In some of the places we irrigate	Ma kekahi mau wahi he hookahe makou i ka wai
This is well in the time of no rain	Oia ka mea pono i ka wa ua ole
For some kinds we plant seeds	No kekahi ano he kanu makou i na anoano
What about other kinds?	Pehea hoi na ano oko'a ae
For sweet potatoes the leaves are planted	No ka uala he kanuia ka lau
For the taro the stalk is planted	No ke kalo ua kanu ia ka huli
Does the planting make it grow?	No ke kanu anei ka mea e ulu ai?
No, we plant, but God gives the water that makes it grow	Aole, na makou e kanu a na ke Akua mai ka wai hooulu
If it is not planted it will not grow	Ina e kanu ole ia aole no e ulu
If it is not watered it will not grow	Ina e hoopulu ole ia aole no e ulu
If it is not weeded, how then?	Ina hoi e waele ole ia, pehea?

Then it will not bear fruit	Alaila aole ia e hua
Then the plant becomes a weed	Alaila lilo ka mea kanu i nahelehele
Potatoes bear fruit in six months	O na uala he hua iloko o na mahina eono
Taro grows for more than a year	He makahiki a keu ko ke kalo ulu ana
Melons are ripe in three months	O na ipu he oo iloko o na mahina ekolu
We have many new plants brought here by foreigners	He nui ka makou mau mea kanu hou i lawe ia mai e na haole
Corn is planted in rows	He kanu lalaniia ke kulina
Wheat is sown with the hand	He hoohelelei ia ka huika me ka lima ke kanu ia
There are many worms and caterpillars that eat the young leaves	He nui na poko a me na enuhe e ai nei i na lau opiopio
Some are discouraged by these	Ua hoihoi ole kekahi poe i keia
You have plenty of good land	He nui ka aina maikai o oukou
The greater part is fallow	Aohe i kanu ia ka hapa nui
Why do you not plant more?	Heaha hoi ko oukou mea kanu hou ole iho?
There are too many lazy people	He nui loa na kanaka palaualelo
They are afraid to work	He makau lakou i ka hana
If that is true, what do they eat?	Ina he oiaio kela, heaha ka lakou mea e paina ai
They are often hungry	He pololi pinepine lakou
They owe a great deal	He nui ko lakou aie
They do not intend to pay	Aohe o lakou manao e hookaa
They have a number of schemes to get food and clothes	He nui ka lakou mau hana maalea e loaa ai ka ai a me ka lole

But have no will to work	Aka, aole he manao e hana
They are always poor	Mau ko lakou ilihune
Some of them steal articles of food	He aihue kekahi o lakou i na mea ai
And they are expert at begging	A he akamai lakou ma ka makilo ana
Lazy people cannot be trusted	Aohe hiki ke hilinai ia ka poe molowa
They talk good, but it is only their mouths	He maikai ka lakou olelo, aka he waha wale no ia
And they lie in wait to pilfer while folks are asleep or at church	A hoohalua lakou e aihue i ka wa a kanaka e hiamoe ai, a i ka pule paha
It is a good thing to work	He mea maikai ka hana
An idle man is always despised	He hoino mau ia ke kanaka hana ole
His land is not surrounded by a fence	Aohe i hoopuni ia kona aina me ka pa
Animals go hither and thither	Hele na holoholona ma o a maanei
His house is leaning	Ke hio nei kona hale
And the thatch is off	A ua hemo ke pili
He sleeps on the ground	He moe oia ma ka honua
There is no table or chairs	Aohe pakaukau, aohe noho
A stone is his seat	He pohaku kona noho
His calabash is broken	Ua naha kana umeke
And his fish container is empty	Aohe mea iloko o kana ipukai
When he thinks, it is of evil	Aia a manao kela, no ka hewa no ia
When he is hungry he sits at his neighbor's door	Aia a pololi oia noho ma ka puka o ka hoalauna
He has two hands that will not work	He mau lima elua kona aole nae hana
He does not think of God, but thinks to cheat his friends	Aohe ona manao i ke Akua aka ua manao e hiki i kona mau hoa'loha

His children are without clothes and his wife a wanderer

He nele lole kana mau keiki, a he auwana kana wahine

Because he is afraid to work

No ka mea, he makau oia i ka hana

Do not follow their footsteps

Mai hahai i ko lakou mau meheu

This is an old aphorism: "The head of a lazy man is the devil's workshop"

He wahi olelo kahiko keia: "O ke poo o ke kanaka palaulelo oia ka hale hana a ke kiapolo"

Our Duties:

Na Hana a Kakou:

If you would be loved then act kindly toward others

Ina makemake oe e aloha ia mai, alaila e hana oluolu aku ia ha'i

If you are enjoying good health, then take care of your health

Ina e ola pono ana oe, alaila e malama pono oe i kou ola

Do nothing that will injure the health of your body

Mai hana iki oe i kekahi mea e poino ai kou ola kino

If you are hungry do not eat too much

Ina he pololi kou, mai pakela ai oe

Too much food makes one sick

O ka nui o ka ai ana he mea ia e ma'i ai ke kanaka

Do some kind of work every day

E lawelawe i kekahi ano hana i kela a me keia la

If you have a friend do not neglect him

Ina he hoa'loha kou, mai hoohemahema iaia

If a person be hungry, feed him

Ina ua pololi kekahi, hanai aku iaia

If any thirst, give him drink

Ina makewai kekahi hooinu aku iaia

Never imbibe with the drunken

Mai inu pu me ka poe i ona

Never associate with the wicked

Mai hui pu me ka poe hewa

Keep yourself free from evil	E hookaawale ia oe iho mai ka hewa mai
Look on the fair side	E nana ma ka aoao maikai
Seek not high things	Mai imi i na mea kiekie
Be afraid of laziness	E makau i ka molowa
Be not afraid of work	Mai makau i ka hana
If you want food, cultivate	Ina he nele ai kou, e mahiai
If you want any clothes, work	Ina makemake oe i lole, e hana
The law is hard upon evil-doers	Ua koikoi ke kanawai i ka poe hana hewa
The laws are a shelter over him that doeth well	He malu na kanawai maluna o ka mea hana pono
If you owe for anything pay it	Ina ua aie oe no kekahi mea e uku aku
Do not sleep while you are in debt	Mai hiamoe oe i ka wa e aie ana
A person will soon lose his all if he does not pay	E lilo koke ana ka waiwai a pau o ka mea hookaa ole
Be afraid to enter into debt	E makau ke komo iloko o ka aie
If you buy, first seek the means to pay	Ina kuai oe e imi mua i ka mea e uku aku ai
And if you sell, do not trust	A ina kuai lilo aku oe, mai hoaie aku
If you hire workmen, pay quickly	Ina hoolimalima paahana oe, e uku koke aku
If you pass your word, fulfill it in truth	Ina e hoohiki oe, e hooko iloko o ka oiaio
It is better to suffer for the truth than to conquer with a lie	E aho ka hoeha ia no ka oiaio, i ka lanakila ma ka wahahee
Do not go to law for trifles	Mai hele i ke kanawai no na mea liilii

The lawyer will take all your money	E lawe ana ka loio i kau kala a pau
There is much loss in going to law	He nui ke poho ma ka hele ana i ke kanawai
Better to bear a little loss than by going to law and lose all	E aho no ke poho uuku, mamua o ka hele ana i ke kanawai a lilo holo-okoa
Be kind to all persons, but be bound to no one	E lokomaikai i na kanaka a pau, aka, aole nae e lilo paa i kekahi
Live with your wife in peace all the days of your life	E noho oluolu oe me kau wahine male i na la a pau o kou ola ana
Help her when in need	E kokua iaia i kona wa nele
Forsake her not when sick	Mai haalele iaia i ka wa ma'i
Love her until death	E aloha iaia a make
Look not thou upon other women	Mai nana aku oe i na wahine e
A good wife is the gift of God	Ka wahine pono he maka-na ia na ke Akua mai
She is better than wealth	Ua oi aku ia i ka waiwai
A bad wife must be endured	E hoomanawanui i ka wa-hina ino
Treat her kindly that she may learn to do well	E hana oluolu aku iaia, i a'o iho oia e hana maikai
Remember your marriage vow	E hoomanao oe i kou pe-lika male
Wives, love your husbands	E na wahine, e aloha aku i ka oukou mau kane
Your husband is your protector	O kau kane he mea hoo-pakele ia oe
He gives you food and clothes	He haawi oia ia oe i ka ai a me ka lole
With a house to live in	Me ka hale kahi e noho ai

Then reside with him and no other	Alaila e noho pu me ia, aole me ka mea e aku
That your end may be in peace	I komo kou hopena iloko o ka maluhia
Desire not another husband	Mai makemake oe i kane hou aku
You took him in your youth	Ua lawe oe iaia iloko o kou wa opiopio
You vowed to God in marriage	Ua hoohiki oe i ke Akua iloko o ka male ana
Now, you must fulfill your vow	A no, e hooko oe i kau hoohiki
Do not gad about here and there	Mai hele lalau ma o a maanei
Speak not evil of your husband	Mai kamailio ino oe no kau kane
Stay at home and take care of your children	E noho ma ka hale a malama i kau mau keiki
Do not give away the food	Mai haawi wale aku i ka ai
It is the fruit of your husband's labor	O ka hua ia no ka hana a kau kane
Give with the consent of you both	E haawi aku me ka ae like o olua
Do not forsake him when old	Mai haalele iaia i ka wa elemakule
Bear with all his infirmities	E hoomanawanui me ia i kona nawaliwali a pau
While he is sick, attend to him	I kona wa e ma'i ana, e malama aku iaia
Do not get an ignorant doctor	Mai kii aku i kauka hupo
In his last hours, lay his head on your lap	Iloko o kona mau hola hope e kau ke poo ma kou uha

Then he will bless you in dying, and will pray that God take care of you and your children

Alaila e hoomaika'i mai kela ia oe, a e pule no ia e malama ke Akua ia oe a me kau mau keiki

God always helps the widow

He malama mau ke Akua i ka wahine kane make

Watch over your children

E kiai oe i kau mau keiki

Feed them when hungry

E hanai ia lakou ke pololi

Make their clothes

E hana i ko lakou lole

Send them to school

E hoouna ia lakou i ke kula

Do not get angry when their teacher punishes

Mai huhu i ka wa e hoopai ai ke kumu a lakou

He punishes for disobedience

He hoopai oia no ka hookuli

Pray with them at home

Pule me lakou ma ka hale

Take them with you to church on the Sabbath

E lawe ia lakou me oe i ka halepule i ka la Kapaki

Do not let them stay away on Sunday

Mai ae ia lakou e noho i ka la Pule

Teach them the Word of God

E a'o ia lakou i ka Olelo a ke Akua

Let only the best of words come from thy mouth

E hoopuka i na olelo maikai wale no mai kau waha aku

Then they will love their parent

Alaile e aloha no lakou i ko lakou makua

When he is old they will take care of him

A elemakule oia e malama no lakou iaia

If you do not instruct them the good, they will become naughty and forsake you when old

Ina aole oe e a'o aku ia lakou i ka pono, e lilo no lakou i poe hewa, a haalele ia oe i kou wa elemakule

Live in peace with your neighbor

E noho iloko o ka oluolu me kou hoalauna

Do not speak evil of him	Mai olelo ino oe nona
Do not backbite him	Mai hoina ma kona kua
Do deeds of kindness to him	E hana lokomaikai aku oe iaia
If he is in distress, relieve him	A i komo oia iloko o ka pilikia, e kokua aku
If he is sick, visit him	A i ma'i, hele aku e ike iaia
If he is a stranger, take him in	Ina he malihini oia, e hookipa iaia
These are the moral duties which betoken a good man	Oia iho la na hana pono e hoailona ana i ke kanaka maikai

Orders to Workmen:

Na Kauoha i na Paahana:

Chop up that wood	E kaka i kela wahia
Cut down the orange tree	Kua i ke kumu alani
Cut off a dry limb	Oki i wahi lala maloo
Saw off this joist	Olo i keia kua a moku
Plane these boards	Kahi i keia mau papa
Nail on those pickets	Kakia i kela mau pine
Drive those nails	Kakia i kela mau kui
Bore holes in these posts	E wili puka i keia mau pou
Set up the ladder	Kukulu i ke alapii
Repair this boat	Kapili i keia waapa
Shingle the house	Kapili ka hale me na pili
Hew this timber straight	Kalai pololei i keia laau
Do not hew that timber crooked	Mai kalai kekee i kela laau
Roll away the barrel	Olokaa aku i ka palala
Turn that rock over	Hoohuli i kela pohaku
Tip up the box	Kuhulu i ka pahu
Don't upset that tea kettle	Mai hoohuli i kela ipu ki
Push away the bundle	Pahu aku i kela ope
Throw the hammer here	Hoolei mai i ka hamale
Take away the rubbish	Lawe aku i ka opala
Pull hard on the rope	Huki ikaika i ke kaula

Pull up the root	Uhuki i ka mole
Pull taut the chain	Huki a molio ke kaulahao
Throw stones at that pig	Nou pohaku i kela puaa
Go up the coconut tree	Pii iluna o ke kumu niu
Go down into the well	Iho ilalo o ka puniwai
Break this stick	Uhaki i keia laau
Do not break the plate	Mai hoonaha i ke pa
Break these stones into small pieces	Wawahi i keia mau pohaku liilii
Change this half dollar	Wawahi i keia hapalua
Tear up all those little rags	Haehae i kela mau welu liilii a pau
Dig this hole deep	Eli a hohonu keia lua
Don't dig the hole too wide	Mai eli i ka lua a akea loa
Dig up all the garden	Eli i ka mala pua a pau loa
Dig out that stump	Eli i kela mole a hemo
Get out the stones	Hoohemo i na pohaku
Pulverize the soil	Hana a aeae ka lepo
Pound the sugar fine	Ku'i i ke kopaa a aeae
Hoe the earth smooth	Kope i ka lepo a mania
Fill up that hole	E hoopiha i kela lua
The hole is full of water	Ua piha ka lua i ka wai
Pull up the weeds	Uhuki i ka nahelehele
Weed the garden	E waele i ka mala pua
Weed the cabbages	E waele i na kapiki
Bury those piles of dry leaves	E kanu i kela mau paila lau maloo
Plant these seeds	E kanu i keia mau anoano
Plant the sugarcane tops	Kanu i na pulapula ko
Let the water run onto the plants	Hookuu i ka wai maluna o na mea kanu
Fill the bathtub	Hoopika i ke kapu auau
Dry the floor	E hoomaloo i ka papahele
Do not wet the walks	Mai hoopulu i na ala
Burn up the papers	Puhi na pepa i ke ahi
Shovel the dirt away	Kopala aku i ka lepo
Bail out the water	E ka i ka wai

Pour the milk into the bottle	E ukuhi i ka waiu iloko o ka omole
Empty the water out of the bucket	E ninini aku i ka wai o ka pakeke
Put some oil into this bowl	E hookomo mai i wahi aila iloko o keia pola
Pound the taro	E ku'i i ke kalo
Bring the horse and put on the harness	Lawe mai i ka lio a e hookomo i ka ili
Wash the carriage	E holoi i ke kaa
Grease the axles	Hamo i na iho i ka aila
Turn the buggy around	Hoohuli i ke kaa
Take out the horse	E wehe ae i ka lio
Drive slowly when turning corners	Hookele malie i ka wa e hoohuli ai ma na kihi
Get a baggage express	E kii i kaa ukana
Take the wheels to the blacksmith and have the tires re-set	Lawe i na huila i ka amala a e hoonoho hou i na apo hao
Wrap the bread in paper	Wahi ka palaoa i ka pepa
Wrap the fish in ti-leaves	Wahi ka i-a i ka la-i
Strain out the fibres	E kanana aku ka heuheu
Hang the rope high	Kau i ke kaula a kiekie
Hang the key on the nail	Kau i ke ki ma ke kui
Untie the knots	E wehe i na hipuu
Disentangle the rope	Wehe i ka hihia o ke kaula
The rope has caught on a stone	Ua lou ke kaula iluna o ka pohaku
The laborer has deserted	Ua mahuka ka paahana
Leave that work and do this	Haalele i kela hana a e ana i keia
Stop smoking	Hoopau i ke puhi paka
Collect all the plows and clean them	Houluulu i na palau a pau a e hoomaemae
Go to the railway depot and ask when the train will leave for Pearl Harbor	Hele i kahi hoolulu kaa ahi a e ninau i ka wa hea e holo ai na kaa ahi no Puuloa

| The train leaves tomorrow morning | E haalele ana na kaa ahi i ke kakahiaka la apopo |

Brief Expressions: | ## Na Olelo Pokole:

Come here	E hele mai maanei
Be quick	E awiwi
What is that?	Heaha kela?
What is this thing?	Heaha keia mea?
Wait a little	E kali iki
Who is that?	Owai kela?
What is his name?	Owai kona inoa?
Where is he going?	E hele ana oia ihea?
What do you want?	Heaha kou makemake?
Where did it fall?	Mahea kahi i haule ai?
I have found it	Ua loaa i a'u
What is the news?	Heaha ka nu hou?
A battle is fought	Ua hoouka ia ke kaua
Where has he gone to?	Ihea oia i hele aku nei?
Come to the house	E hele mai i ka hale
Go to bed	E hele e moe
I cannot do it	Aohe hiki ia'u ke hana
What is that to me?	Heaha ia mea i a'u
I am deaf	Ua kuli ia au
Speak louder	E hoonui ae i ka leo
Bring a light	Lawe mai i kukui
Let it alone	E waiho malie
I want this	Makemake au i keia
It is broken	Ua naha
Never mind it	Mai manao ia mea
Come and help me	E hele mai e kokua i a'u
Open the door	E wehe ae i ka puka
This is best	Eia ka maikai loa
Take this away	E lawe aku i keia
It hinders the passage	He ke'ake'a i ke ala
Put it out of doors	E waiho iwaho o ka puka
Bring me a chair	Lawe mai i noho no'u
He is dead	Ua make oia
It is a bargain	Ua holo ke kuai

Wait, I am busy	E kali, ua paa au i ka hana
I am engaged	Ua paa au
He is not at home	Aole oia ma ka hale
He is asleep	Ua hiamoe oia
I am hungry	Ua pololi au
Come and eat	E hele mai e ai
Are you ready?	Ua makaukau anei oe?
I am sleepy	Ua make hiamoe au
My money has dropped	Ua haule kuu kala
My property is gone	Ua lilo kuu waiwai
His gain is lost	Ua poho kona loaa
Come, go with me	Mai, e hele pu me a'u
Is your father well again?	Ua ola hou anei kou makuakane?
Let us play ball	E kini popo kakou
Go outside, Charlie, if you wish to	Hiki no ia oe ke puka, e Kale, ke makemake oe
They are both good	He maikai no laua a elua
You cannot catch me	Aole au e loaa ia oe
You run too fast	He mama loa oe i ka holo
I am very tired	Ua luhi loa au
Can he read?	Hiki anei iaia ke heluhelu
Do not hurt him	Mai hoeha aku iaia
I have a sore hand	He lima eha ko'u
Sweep the sidewalk	Pulumi i ke ala aoao
How do you know?	Pehea oe i ike ai?
What are you looking for	E imi ana oe i ke aha?
I have no money	Aohe a'u kala
He is a rich man	He kanaka waiwai oia
I am living with him	Ke noho nei au me ia
He will not be angry	Aole oia e huhu mai
The food is all gone	Ua pau loa ka ai
We have no fish	Aohe a kakou i-a
What are you doing?	E aha ana oe?
I am looking for that place	E huli ana au i kela wahi
What is the difficulty?	Heaha ka pilikia?
This is my thought	Eia kuu manao

What did you come for?	I hele mai nei oe i ke aha?
Here it is	Eia kuu manao
I do not know	Aole au i ike
I cannot tell	Aole e hiki i a'u ke hai
It is wrong	Ua hewa
It is not right	Aole i pono
It is right	Ua pono no
Take this back	E hoihoi aku i keia
I do not like it	Aohe o'u makemake
Speak plainly	E olelo moakaka mai
It is not so	Aole pela
Bring it here	Lawe mai maanei
Whose book is this?	Nawai keia puke?
Whose hat is this?	Nowai keia papale?
Where is my fan?	Auhea kuu peahi?
Is my umbrella there?	Aia ilaila kuu mamalu?
He struck me with a stick	Hahau oia ia'u me ka laau
He fisted me	Ua kui kela i a'u
Light the lamp	E ho-a i ke kui
It is good for nothing	He mea ole ia
Who says so?	Owai la kai olelo pela?
I suppose so	Pela kuu manao
Get up quickly	E ala wikiwiki
Put on your jacket	E komo oe i kou lakeke
Whose boy is this?	Nawai keia keiki?
What tree is this?	Heaha keia kumulaau?
Do it now	E hana a no
Where did you get it?	Ihea kahi i loaa ai ia oe?
Where do you live?	Aia oe ihea e noho nei?
When will you come?	I ka wa hea oe e hele mai ai?
When can you do it?	Ahea hiki ia oe ke hana
I will do it tomorrow	E hana no au i ka la apopo
It rains hard	Ke ua oole'a nei
Close the windows	E pani i na puka aniani
There is no oil	Aohe aila
I have not seen it	Aole au i ike

What did he say?	Heaha kana i olelo mai nei?
Do not stay long	Mai noho loihi aku oe
I have waited a long time for you	Loihi maoli ko'u manawa i kali ai ia oe
Do not make a noise	Mai walaau
It is not enough	Aole i lawa
It is sufficient	Ua nui
Stop now	Uwoki a no
I like the strong trade winds	Makemake au i ka makani koloa ikaika
Wash your hands	Holoi i kou mau lima
Do not be lazy	Mai molowa oe
Do not bother me	Mai hoouluhua i a'u
Try again	E hoa'o hou
Go and help him	Hele aku e kokua iaia
Do not be afraid	Mai Maka'u oe
He has gone to Sydney	Ua hala oia i Kikane
He has returned	Ua hoi mai oia
He was born in Peru	Ua hanau ia oia ma Pelu
I have two horses	He mau lio elua ko'u
They are in the pasture	Aia no laua ma ke kula
Where shall I put it?	Mahea au e waiho ae ai?
How many eggs are here?	Ehia hua maanei?
Some are good, some bad	Maikai kahi, he ino kahi
Do not spill the milk	Mai hoohanini i ka waiu
What did you strike him for?	Heaha kau i ku'i aku ai iaia?
It rained last night	He ua ko ka po nei
This is hard work	He oole'a keia hana
He looks very much like his father	Ua ano like loa oia me kona makuakane
They are of one mind	Hookahi o lakou manao
He loves his wife	He aloha oia i kana wahine
She dresses in beautiful clothes	He aahu oia i na lole nani
How much did you give for it?	Heaha kau i haawi aku ai no ia mea?

Where have you been?	Ihea aku nei oe
The wine is mixed with water	Ua pai pu ia ka waina me ka wai
Put on your shoes	Komo i kou mau kamaa
Go and change this dollar	Hele e wawahi i keia kala
Here are four quarters	Eia na hapaha eha
I want two dimes	Makemake au i elua keni-keni
Why did you not come before?	No keaha kou mea i hele ole mai ai mamua?
This is not done right	Aole i hana pono ia keia
The salt is almost gone	Ua aneane pau ka paakai
He is an impudent man	He kanaka mahaoi oia
I am not sure	Aole i maopopo i a'u
I will go this evening	E hele ana au i keia ahiahi
That is the worst of all	Ka oi ia o na ino a pau
Come some other time	E hele mai i wa okoa
Here is a butterfly	Eia he pulelehua
The cat caught a mouse	Ua po'i ka popoki i ka iole
You may return today	Hiki ia oe ke hoi i keia la
My finger is cut	Moku kuu manamanalima
I have seen this before	Ua ike au i keia mamua
Put it on the table	E kau ma ke pakaukau
Hang it on a branch	E kau ma ka lala
Hang the clothes up to dry	E kaulai i na lole
Be very careful, do not soil your hands	E akahele loa, mai hana a lepo i kou maulima
Tell Allen to get some drinking water	Olelo aku ia Alani e kii i wai e inu
Bring some grass for the horses and bullocks	Lawe mai i mau-u no na lio a me na pipi
Drive the sheep away	E kipaku aku i na hipa
Try to do it well	Hoao e hana a maikai
Which is the best, this or that?	O ka mea hea ka maikai keia a o kela paha?
What month is this?	Owai keia mahina?

What is the day of the month?	O ka la hea keia o ka mahina?
What day of the week is this?	O ka la hea keia o ka pule?
This is too large	He nui loa keia
That is too small	He uuku loa kela
This garment fits me	Pili pono keia lole i a'u
Are you not ashamed?	Aohe ou hilahila?
Are you two married?	Ua male ia olua?
I think so too	Pela no ko'u manao ana
Do not work in the sun	Mai hana iloko o ka la
Do you know him?	Ua ike oe iaia?
Mind your business	Malama i kau oihana
I do not think so	Aohe o'u manao pela
I do not believe it	Aole no o'u manao he oiaio
It is dark	Ua poeleele
You are standing in my light	Ke ku nei oe iloko o kuu malamalama
My hand shakes	Haalulu kuu lima
My paper is torn	Ua nahae kuu pepa
That is the road	O kela ke alanui
What are you laughing at?	E akaaka ana oe i ke aha
Is this for me?	Na'u anei keia?
Carry this child in	Hapai i keia keiki iloko
Lock the door	E laka i ka puka
There are but a few left	He kakaikahi na mea i koe
He was here just now	Maanei iho nei oia a no
It is not finished	Aole i pau
Put them a little apart	E waiho kakaawale iki ae
Do it over again	E hana hou iho
His sickness is no better	Aole i maha iki kona mai
He looks the same	Maikai kona helehelena
Do not touch that	Mai hoopa aku i keia
Be watchful, lest it fall	Nana pono, o haule ia mea
It has always been thus	Pela mau no ia
He has a bad cough	He kunu ino kona
He has a fever	He mai piwa kona

He has recovered	Ua ola hou oia
That is an orphan	He keiki makua ole kela
I will help you work	Kokua au ia oe i ka hana
Let me see it	E nana au ia mea
Show it to me	E hoike mai i a'u
Tell me, who does it belong to?	E hai mai i a'u, nawai keia mea?
Oh! what a curiosity	Ka! he mea kupanaha
Who gave it to you?	Nawai i haawi mai ia oe?
Can it walk?	He hiki no anei ke hele?
No, it creeps	Aole, he kolo
Who is your employer?	Me wai oe e hana nei?
Do not speak to me	Mai kamailio mai i a'u
What is the meaning of this word?	Heaha la ke ano o keia huaolelo?
You must not do so	Mai hana oe pela
We are going to gather mountain apples	E pii ana makou i ka ohi ohi'a kuahiwi
Let us ride up on horses	Ma ka lio kakou e pii ai
A carriage is ready	He kaa ua makaukau
Tell me now	E hai mai i a'u a no
I am afraid to tell you	Makau au i ka hai ia oe
Make haste back	E hoi awiwi mai
Do you know what to do next?	Ua ike anei oe i kau mea e hana hou aku ai?
What sort of a man is he?	Heaha ke ano oia kanaka?
A banana is sweet	He mea ono ka maia
Some of these oranges are sour	Ua awahia kekahi o keia mau alani
Medicine is sickening	Hea mea naluea ka laau inu
This is entirely different from that	He oko'a loa keia mai kela
They are not alike at all	Aohe like iki
My father is dead	Ua make kuu makuakane
My mother has gone away	Ua hele kuu makuahine
I am alone in the house	Owau wale no ko ka hale
I am very lonely	Ua mehameha loa au

Will you consent to come and stay with me?	Ae no oe e hele mai e noho pu me a'u
He is a good boy	He keikikane maikai oia
This is a very obedient girl	He kaikamahine hoolohe loa keia
It is a warm day	He la wela
What do you think of this?	Pehea kou manao i keia?
It is a new thing, I think	He mea hou, i kuu manao
It is of no great value	Aohe no he waiwai ano nui
I have forgotten	Ua poina au
When I go, you must stay here	Ke hele au, e noho iho oe maanei
When does the ship sail?	Ahea holo ka moku?
At some hour tomorrow	I kekahi hola o ka la apopo
He always comes to this church	Ke hele mau mai no oia i keia halepule
What is his business?	Heaha kana oihana?
He is a merchant	He mea kalepa oia
He has a large family	He ohana nui kona
His eldest son is married	Ua maleia kana hiapo kane
He lives in a large house	He noho oia ma ka hale nui
There are some shade trees about	He mau kumulaau malumalu no
A high stone wall encloses his land	He pa pohaku kiekie e hoopuni ana i kona aina
There are forests on the mountain	He mau ululaau maluna o na kuahiwi
Fruit trees are plentiful	Nui na kumulaau hua ai
They are all bearing	Ua pau loa i ka hua
The animals are in the pasture	Aia na holoholona iloko o ke kula
Beautiful flowers grow in the garden	He mau pua nani e ulu ala iloko o ka mala pua

How long will you be gone?

Pehea ka loihi ou e hele ai?

Is the plow made?

Ua hana ia anei ka palau?

Tell the blacksmith to fix it solid

Hai aku i ka amala e hana a paa pono

Do not mind what he says

Mai hoolohe oe i kana olelo

I have taken pills

Ua ai huaale au

What is your sickness?

Heaha kou mai?

A severe headache

He nalulu ehaeha

Are you better now?

Ua oluolu anei oe a no?

I shall sleep tonight

E hiamoe ana au i keia po

I am working in the garden

Ke hana nei au iloko o ka mala pua

Your hoe is broken

Ua haki kau ho

Will you take dinner with us today?

E paina awakea ana oe me makou i keia la?

I will come some time tomorrow

E hele mai ana au i kekahi wa o ka la apopo

Or the day after perhaps

A i kela la aku paha

What man is that?

Owai kela kanaka?

I never saw that stranger before

Aole au i ike i kela malihini mamua

He is making a tour of the world

E kaahele ana oia i ka honua

He is now staying at the Hawaiian hotel

Ke noho nei oia ma ka hokele Hawaii

Is it high tide or low tide?

He kai nui anei, he kai make paha?

It is full moon tonight

Mahina piha ko keia po

There will be an eclipse of the moon next week

E pouli ana ka mahina i keia pule ae

It is eclipsed by the shadow of the earth falling upon the moon

Ua pouli ia i ke aka o ka honua e haule ana maluna o ka mahina

That explains it

Ka wehewehe ana ia

Two and five are how many?

Elua me elima ehia ia?

The bait is all gone

Ua pau loa ka maunu

Of what nation are you?	Heaha kou lahui kanaka?
What island are you from?	Mai ka mokupuni hea mai oe?
Who is your king?	Owai ko oukou moi?
Is he a good man?	He kanaka maikai anei oia?
Is he a soldier?	He koa anei oia?
Are the people living in peace?	Ke noho nei anei na kanaka iloko o ka maluia?
He is a righteous man	He kanaka hoopono oia
He rides a horse well	He hololio maikai oia
Who is to blame?	Owai ka mea i hewa?
It is not his fault	Aole ia o kona hala
I condemn no one	Aole au e hoahewa i kekahi
It will not be long	Aole e loihi ana
That is his concern	O kona kuleana ia
These children are full of play	Piha paani maoli keia mau keiki
Go find out the meaning	E hele e imi i ke ano
Take the eggs one by one	E lawe pakahi i na hua
The vessel is out of sight	Ua nalo aku la ka moku
How was this nice plate broken?	Pehea ka naha ana o keia pa nani?
He cares for nothing but money	O ke kala wale no kana mea manao nui
This cost me twenty-five dollars	He iwakaluakumamalima kala kuu lilo i keia mea
Tomorrow we enter the house	Apopo komo makou i ka hale
What is the reason?	Heaha ke kumu?
There is no proper cause	Aohe kumu kupono
He always finds fault	He imihala mau oia
He has no love for us	Aohe ona aloha no kakou
Is your new house done?	Ua paa anei kou hale hou
I shall leave for New York next month	E haalele ana au no Nu Ioka i keia mahina ae
I have a salt water bath every day	He auau kai au i na la a pau

Mind what you are doing, Enoch

Malama oe i kau mea e hana nei e Enoka

He has twenty thousand dollars

He iwakalua kaukani kala ona

Sew this shirt first, then that hat

E humu mua i keia palule alaila i kela papale

I have found out what it really means

Ua loaa i a'u kona ano maoli

What have you been doing today?

Heaha kau i hana iho nei i keia la

I have been writing to my father

Ua kakau iho nei au i kuu makuakane

What o'clock is it?

O ka hola ehia keia?

When shall we settle accounts?

Ahea kaua hooponopono i na aie?

My business is slightly increasing

Ke pii mahuahua ae nei ka'u oihana

I have brought you some money

Ua lawe mai nei au i wahi kala nau

Who made this nice straw hat?

Nawai i hana keia papale ie maikai?

The name of the maker is there

O ka inoa o ka mea nana i hana, aia no malaila

You are an excellent workman, Luther

He kanaka makaukau oe ma ka hana, e Luka

Wash your head and then comb your hair

Holoi i kou poo, alaila kahi i kou lauoho

Go and shave off that long beard

Hele a e kahi i kela umiumi loihi

Come to prayer-meeting

Hele mai i ka halawai-pule

The church bell has stopped ringing

Ua pau ke kani ana o ka pele o ka halepule

Feed all the animals with oat hay

E hanai i na holoholona a pau me ka mau-u oka

The dog barks

Ke hae nei ka ilio

The people are assembling

Ke akoakoa nei na kanaka

The wind blows

Ke puhi nei ka makani

The tide is rising

Ke pii mai nei ke kai

The stream flows

Ke kahi nei ke kahawai

The sun is getting hot	Ke wela mai nei ka la
The cloud is rising	Ke pii nei ke ao
It will rain perhaps	E ua ana paha
The sun is setting	Ke napoo nei ka la
It is out of sight	Ua nalo aku la
It will rise again in the morning	E pii hou mai ana no i ke kakahiaka
How will you be if I go away?	Pehea la oe ke hele aku au?
I will feel sad	E kaumaha ana au
You may not come again	Aole paha oe e hoi hou mai
I have nothing to say in reply	Aohe a'u olelo e pane aku ai
Please to stay here until morning	E oluolu oe e noho maanei a kakahiaka
Ask your parents to let me remain with you	E noi i kou mau makua e ae mai i a'u e noho me oe
I will do so when they return	E hana no au pela i ka wa a laua e hoi mai ai
They have both consented	Ua ae laua a elua
I cannot go with you to Africa	Aohe hiki i a'u ke hele pu me oe a hiki i Apelika
I am afraid of the war	Makau au i ke kaua
I pity you a great deal	Aloha au a nui loa nou
I did not speak to him about your mother	Aole au i kamailio aku iaia no kou makuahine
I kept it secret	Ua huna au ia mea
For whom are you making this patch-quilt?	Nowai keia kapa-apana au e hana nei?
For my father	No kuu makuakane
Where were you born, in San Francisco?	Mahea kou wahi i hanau ai, i Kapalakiko?
Where was he brought up?	Mahea oia i hanai ia ai?
You need not do it if you do not wish to	Mai hana oe, ke makemake ole oe
It is already done	Ua pau e i ka hana ia

Are they going to sell this house at auction?	E kuai kukala ia ana keia hale?
Yes, for debt	Ae, no ka aie
He has gone down to the fishmarket	Ua hala aku nei oia i kai o ka makeke-ia
Is it right to do so?	Pono anei ke hana pela?
That statement, Salem, is not true	O kela hoike, e Kelamu aohe oiaio
That is a very bad horse, it kicks and bites	He lio ino maoli kela, he peku a he nahu
Our school vacation will be over next Friday	Pau ana ko kakou hoomaha kula i keia Poalima ae
When the quarantine is raised I will go to Hilo	Ke wehe ia ka hoomalu, e hele ana au i Hilo
That is not true	Aohe oiaio o kela
My teacher is very ill	Ua ma'i loa ia kuu kumu
Did you call me?	Ua kahea anei oe i a'u
Be kind to the poor	E oluolu aku i ka ilihune
What noise is that?	Heaha ia mea halulu?
It is well known	Ua ike le'a ia kela
The steamer Likelike has gone ashore	O ka mokuahi Likelike ua ili
It is very plain to everybody	Ua maopopo kela i na mea a pau
He will return today	E ho'i mai ana oia i keia la
He has gone on board the vessel	Ua hala oia maluna o ka moku
He is ashore	Ua hele kela iuka
Come very early tomorrow morning	E hele mai i ke kakahiaka nui o ka la apopo
That is not what I said to you	Aole ia o ka'u i olelo aku ai ia oe
Smell this rose	E honi i keia loke
All the bullocks were sold at auction today	Ua pau loa na pipi i ke kuai kukala ia i keia la
What does that mean in the Hawaiian language?	Heaha ke ano o kela ma ka olelo Hawaii?

It is not salted

Get the hose and wet the street

Do not let it get wet

A man was stabbed in the breast last night

My father is afflicted with leprosy

When will you depart from these islands?

He is coming to our house this evening

I will give this silk dress to my sister

Whose child are you?

The clock has stopped

I forgot to wind it up

Where did you leave that lock?

Who owns that plantation

Who went with you to the city of Paris?

My brother

Who gave you leave to go

Does he live there, or has he moved away?

Explain my riddle

Why did you say so?

Put it down carefully

It is not so

It is very light

It is quite heavy

I cannot lift it

It is very true

Aole i miko i ka paakai

Kii i ka iliwai a e hoopulu i ke alanui

E malama o pulu i ka wai

Ua hou pahi ia he kanaka ma ka umauma i ka po nei

Ua loohia ia kuu makuakane i ka ma'i lepela

Ahea oe haalele mai i keia mau mokupuni?

E hele mai ana oia i ko makou hale i keia ahiahi

E haawi ana au i keia holoku kilikia i kuu kaikuahine

He keiki oe nawai?

Ua make ka uwaki

Ua poina au i ke ki

Mahea oe i waiho ai i kela laka?

Owai ka ona o kela mahiko?

Owai kai hele pu me oe i ke kulanakauhale o Palika?

Kuu kaikuaana

Nawai oe i ae e hele?

Ke noho nei oia malaila, a i ole, ua nee i kahi e?

Wehewehe i kuu nane

Heaha ko mea i olelo ai pela?

E waiho me ke akahele

Aole pela

He mama loa

He kaumaha maoli

Aoke hiki i a'u ke hapai

He oiaio loa no

I lay awake last night	Hia-a au i ka po nei
The noise startled me	Hikilele au i ka walaau
Help him come down	Kokua aku iaia e iho mai
Is this pencil yours?	Nau anei keia penikala?
He is a stranger	Ke malihini oia
That is a resident	He kamaaina kela
You do not read right	Aohe ou heluhelu pono
This is my work	O ka'u hana keia
Will you have some more?	Makemake oe i mea hou?
Where has he gone?	Ihea oia i hele aku nei?
How did you tell him?	Pehea kau ha'i ana iaia?
What next?	Heaha hou aku?
Shall I go there?	E hele au ilaila?
Put it back again	Waiho hou aku
Bring him to me	Lawe mai iaia i a'u
It is a windy day	He la makani keia
Drink this medicine	E inu i keia laau lapaau
Hark; what is that?	Hoolohe; heaha kela?
Ring the bell	Hookani i ka pele
Fill the ink bottle	Hoopiha i ka omole inika
My eyes are weak	Nawaliwali ko'u mau ma-ka
Burn it up	E puhi i ke ahi
What is that to you?	Heaha kela ia oe?
Fill it half full	Hoopiha hapa
We think well of him at all times	Manao maikai no makou iaia i na wa a pau
I do not doubt it	Aohe o'u kanalua i kela
At what hour will Samuel come?	I ka hola ehia e hele mai ai o Kamuela?
He did not tell me	Aole oia i hai mai i a'u
The doctor says that his mother is very sick	Ke olelo nei ke kauka ua mai loa kona makuahine
Such is the custom among Hawaiians	Ke ano maa mau ia ma-waena o na Hawaii
Which shall I choose?	O ka mea hea ka'u e ko-ho ai
Why do you think so?	Heaha kou mea manao pela?

I am going for a walk	E hele ana au i ka holo-holo
He is dead	Ua make oia
His remains will be buried today	E kanu ia ana kona kino i keia la
The cocoanut trees are bearing	Ke hua nei na kumulaau niu
The apples are not ripe	Aohe i pala na apala
Several little houses were blown down	Nui na hale liilii i hoohiolo ia e ka makani
The lighthouse was injured last night by the strong wind	Ua poino ka hale-ipuku kui ma ka po nei i ka makani ikaika
The streets are slippery	Pakikakika na alanui
Is this for sale?	He mea kuai anei keia?
All the animals are on the hill	Aia na holoholona a pau maluna o ka puu
Kill that bullock	Pepehi i kela pipi
My dog is sick	Ua ma'i kuu ilio
The government schools will re-open tomorrow	E hamama hou ana na kula aupuni i ka la apopo
Our dwelling house was destroyed by fire	Pau ko makou hale noho i ke ahi
The fire bell did not ring	Aohe i kani ka pele pau-ahi
We are going to a feast	E hele ana makou i ka lu-au
This meat is not done	Aole i mo'a keia pipi
Who sent you here?	Nawai oe i hoouna mai nei
My feed are cold	Ua huihui kuu mau wa-wae
Why do you stand still?	Heaha kau e ku malia nei
Run and call him	Holo a e kahea aku iaia
You must stay at home	E noho oe ma ka hale
He does not live here	Aole ona noho maanei
My foot pains	Ua hui kuu wawae
Perhaps so, perhaps not	Pela paha, aole paha
Stay here until I return	Noho ianei a hoi mai au
This well is deep	Ua hohonu keia punawai

You must do it well	E hana oe a maikai
He is very well off	He kuonoono loa oia
Pump some water	Pauma i wahi wai
Twist this rope	Wili i keia kaula
I am a little deaf	Ua kuli iki no au
I have the toothache	Ua hui kuu niho
My eyes are sore	Ua eha kuu mau maka
He died of the smallpox	Ua make oia i ka hepela
He is a stingy man	He kanaka pi oia
Spread this on the dry grass	E hohola i keia maluna o ka mau-u maloo
You have done this right	Ua hana pono oe i keia
This is his favorite child	Kana keiki punahele kela
He has sprained his foot	Ua maui kona wawae
Do not waste the food	Mai hoomaunauna i ka ai
He is mistaken	Ua kuhihewa oia
Have you seen the monkey	Ua ike anei oe i ke keko?
He has no good clothes to wear	Aohe ona lole maikai e aahu ai
Here are some fish	Eia mai kekahi mau i-a
Roast some and boil the rest	E koala i kekahi, a e paila kekahi
The jurymen have found him guilty	Ua hoahewa ia oia e ka poe kiule
Shoot that bird	E ki pu i kela manu
They do not live together	Aohe o laua noho pu
That is my neighbor	O kuu hoalauna kela
How much is he worth?	Pehea ka nui o kona wai-wai?
He denies that he did it	Ke hoole nei aole oia i hana
That is my associate	O kuu hoapili kela
This board is rough	He kalakala keia papa
Where does he board?	Mahea oia e ai nei?
It is all over dirt	Ua oki loa i ka lepo
He has gone over the river	Ua hala oia ma kela kapa o ka muliwai
The physician says he will not live	Ua olelo iho nei ke kauka aole oia e ola

What are his wages for a month?	Heaha la kona uku no ka mahina?
Twenty dollars	Iwakalua kala
That is very small pay	Uuku maoli kela uku
I am of a different opinion	He okoa ko'u manao
Where are the seines?	Aia mahea na upena?
Bring them here and put them on the canoe	Lawe mai maanei a e hoouka iluna o ka waa
Fetch all the paddles	Lawe mai i na hoe a pau
We are going out to fish	E hele ana makou i ka lawaia

CORRESPONDENCE
NA PALAPALA

Form 1—An Order for Goods:

Per Steamer Kinau.

Honolulu, April 1, 1917.

Mr. R. Rycroft,

Dear Sir:

We wish to purchase the following articles. If they are not on hand, procure them as early as convenient.

1000 pounds of taro
10 barrels of No. 1 brown sugar
10 barrels of best molasses
1000 dry goat skins

Select the goods with care and ship by an early vessel, accompanied with bill of lading.

Respectfully yours,

C. BREWER & CO.

Helu 1—He Kauoha Waiwai:

Ma ka Mokuahi Kinau.

Honolulu, Apelila 1, 1917.

Mr. R. Rycroft,

Aloha oe:

Ke makemake nei mkou e kuai i na waiwai malalo iho. Ina aohe malaila, e imi oe a kuai aku iloko o ka manawa pokole kupono:

          1000 paona kalo
            10 pahu kopaa ulaula helu 1
            10 pahu malakeke maikai loa
           100 ili pipi maloo
          1000 ili kao maloo

E wae i na mea i kauoha ia me ke akahele loa, a e hooili maluna o ka moku e holo koke mai ana ianei, me ka hoouna pu mai i ka pila hooili ukana.

Me ka mahalo,

C. BREWER & CO.

Form 2—A Reply:

Hilo, April 5, 1917.

C. Brewer & Co.

Dear Sirs:

I received your letter of the 1st instant by the steamer Kinau, and have shipped on board of her the goods ordered by you, as per accompanying bill, amounting to $723.56. I also enclose bill of lading of the goods, signed by George C. Beckley. Trusting that you will be pleased with them, and hoping to receive another order soon, I remain,

Your obedient servant,

R. RYCROFT.

Helu 2—Ka Pane:

Hilo, Apelila 5, 1917.

C. Brewer & Co.

Aloha oukou:

Ua loaa mai ia'u kau palapala o ka la 1 iho nei ma ka mokuahi Kinau, a ua hooili aku nei au maluna ona i na waiwai i kauoha ia mai e oukou, me ka pila pu, i hiki, aku ka huina i ka $723.56. Ua hoouna pu aku hoi au i ka pila o na waiwai i hooiliia aku, i kakau inoa ia e G. C. Beckley. Ke hilinai nei au e oluolu ana oe i keia mau waiwai a pau, me ka lana o ka manao e kauoha hou mai ana oe. O wau no,

Kau kauwa hoolohe,

R. RYCROFT.

Form 3—Bill enclosed in T. Spencer's Letters:

Hilo, April 10, 1917.

John Moanauli,

Bought of THOMAS SPENCER.

1028 pounds of taro at 2 cents	$ 20 56
10 barrels of Spencer's No. 1 brown sugar, 1200 pounds, at 6 cents	72 00
10 barrels of best molasses, 300 gallons, at 10 cents	30 00
100 dry bullock hides, at $3.00	300 00
400 dry goat skins, large, at 40 cents	160 00
600 dry goat skins, small, at 25 cents	150 00
E. & O. E.	$732 56

Helu 3—Ka Pila Aie o na Waiwai Iloko o na Leka a Thos. Spencer.

Hilo, Apelila 10, 1917.

Ioane Moanauli,

Kuai mai ia THOMAS SPENCER.

1028 paona kalo, ma 2 keneka ....$	20 56
10 pahu ko-paa helu 1, 1200 paona, ma 6 keneka	72 00
10 pahu malakeke maikai loa, 300 kalani, ma 10 keneka	30 00
100 ili pipi maloo, ma $3.00	300 00
400 ili kao maloo, nunui, ma 40 keneka	160 00
600 ili kao, maloo, liilii, ma 25 keneka	150 00

E. & O. E. $732 56

Form 4—Reply Acknowledging Receipt of Goods

Honolulu, April 16, 1917.

THOMAS SPENCER, ESQ.,

Dear Sir:

I received your letter of the 10th instant, by the Mary E. Foster, with the goods, which correspond with the bill of lading. They appear in excellent condition, and are quite satisfactory. I wish you would purchase for me all the hides and goat skins you can, at the price charged in your bill.

You may draw on me for the amount of your bill, say $732.56.

Respectfully yours,

JOHN MOANAULI.

Helu 4—Pane no ka Loaa Ana o na Waiwai:

Honolulu, Apelila 16, 1917.

THOMAS SPENCER, ESQ.,

Aloha oe:

Ua loaa mai nei ia'u kau palapala o ka la 10 iho nei, ma ka Mary E. Foster, me na waiwai, i kulike me ka pila i hooiliia mai ma ka moku me ka maikai, a ua kupono i ka mea i makemakeia. Ke makemake nei au e kuai oe i na ili pipi a me na ili kao a pau e hiki ana ia oe ke kuai no'u ma ke kumukuai au i kau mai nei ma ka pila.

Ua hiki no ia oe ke kikoo mai i ka nui o kau pila, he $732.56, a e uku no au i ka wa e hoikeia mai ai.

IOANE MOANAULI.

Form 5—Reply to Foregoing:

Hilo, April 22, 1917.

JOHN MOANAULI, ESQ.,

Dear Sir:

Your letter of the 16th instant, received per steamer Kinau, is in hand, advising of the receipt of goods shipped on the 10th by the Moi Wahine, and expressing your satisfaction with the same. I will make further purchases of hides and goat skins, according to your instructions.

By this vessel I have drawn on you for seven hundred and thirty-two dollars and 56-100 dollars ($732.56) and trust you will honor my draft.

Your obedient servant,

THOMAS SPENCER.

Helu 5—He Pane i na Mea Mua:

Hilo, Apelila 22, 1917.

IOANE MOANAULI, ESQ.,

Aloha oe:

O kau leka o ka la 16 iho nei, ua loaa mai maluna o ka mokuahi Kinau, e hai mai ana ia'u i ka loaa ana aku o na waiwai i hooiliia aku maluna o ke kuna Moi Wahine, a me kou mahalo no ia mau mea. E kuai hou aku ana au i na ili pipi a me na ili kao e like me kau kauoha.

Ma keia moku, e makemake ana au e ohi mai i na kala ehiku haneli a me kanakolu - kumamalua a me 56-100 ($732.56) a ke hilinai nei au e uku mai ana oe i ka'u pila kauoha.

Kau kauwa hoolohe,

THOMAS SPENCER.

Form 6—Form of Money Order

$732.56   Hilo, April 28, 1917.

At sight, please pay to the order of Samuel C. Allen, the sum of Seven Hundred and Thirty-two and 56-100 Dollars, and charge the same to my account.

THOMAS SPENCER.

To JOHN MOANAULI, ESQ.,

Honolulu.

Helu 6—Ke ano o ka Pila Kikoo Kala:

$732 56   Hilo, Apelila 28, 1917.

I ka wa e ike ai, e oluolu oe e uku ae ma ke kauoha a Samuel C. Allen, Ehiku Haneli me Kanakolu-kumamalua me 56-100 Kala, a lawe mai ko'u helu ae.

THOMAS SPENCER

Ia IOANE MOANAULI, ESQ.,

Honolulu.

Form 7—Receipt of Money:

$110.00   Honolulu, May 10, 1917.

Received of John Kapena, the sum of One Hundred and Ten Dollars, on account of rice sold to him.

H. PHILIP.

Helu 7—He Pila Kikoo Kala:

$110.00   Honolulu, Mei 10, 1917.

Ua loaa mai ia'u, mai a Ioane Kapena mai, he Hookahi Haneli me Umi Kala, no ka helu o ka laiki i kuaiia aku iaia.

H. PILIPO.

Form 8—Promissory Note:

$100.00   Honolulu, May 20, 1917.

Twelve months after date, I promise to pay Henry Philip, the sum of One Hundred Dollars, with interest at 1 per cent. per month, value received.

JOHN KAPENA.

Helu 8—He Palapala Hooia e Uku Aku:

$100.00   Honolulu, Mei 20, 1917.

He umikumamalua malama mahope aku o keia la, ke hooia nei au e uku aku ia Hanale Pilipo, i na Kala Hookahi Haneli, me ka ukupanee ma ka 1 pakeneka no ka malama, no ka waiwai i loaa mai.

IOANE KAPENA.